Images of Madness/Imagens da Loucura

Images of Madness

AN INTERDISCIPLINARY PERSPECTIVE

Imagens da Loucura

UMA PERSPECTIVA INTERDISCIPLINAR

Edited by

Alessandra M. Pires and Luciana Namorato

From the Scholars Desk
Bolivar, Missouri
2010

Copyright © 2010 by Alessandra M. Pires and Luciana Namorato. All rights reserved. Printed in the United States of America. No part of this book may be used or reproduced in any manner whatsoever without written permission, except in the case of brief quotations embodied in critical articles and reviews.

For information contact:
    From the Scholars Desk
    P.O. Box 34, Bolivar MO 65613-0034.
    E-mail: QWP@usa.net.

For prices and order information visit:
    http://www.fromthescholarsdesk.com

Cover design: Melissa G. Frosini – mojostudio.com.br
Cover image: iStockphoto: Shattered Mind #2, Morkeman

ISBN: 978-1-931475-47-1
Library of Congress Control Number: 2010922790

Table of Contents / Índice

Introduction	7
Introdução	20
ORIGINS OF MADNESS/ ORIGENS DA LOUCURA	33

Madness and Gender in Buddhism
Stephen C. Berkwitz   34

Hereditary Madness and (Anti)Genealogical Treatment in Moacyr
Scliar's *The Strange Nation of Rafael Mendes*
Jason Jolley   50

MADNESS AND CHRISTIANITY/ LOUCURA E CRISTIANISMO   75

As Bruxas Portuguesas na Idade Média e no Renascimento
Monica Rector   76

As Beatas e o Seu Mundo
Alzira Lobo de Arruda Campos   91

GENDER AND MADNESS/ GÊNERO E LOUCURA   109

As Musas de João do Rio: Mulheres Renegadas da *Belle Époque* sob o
Olhar de um *Flâneur* Tropical
Saulo Gouveia   110

The Image on the Wall: Representations of Madness in Charlotte
Perkins Gilman's "The Yellow Wallpaper" and in Lya Luft's *O
Quarto Fechado*
Regina Lopes dos Santos   131

DIALOGUES/ DIÁLOGOS   143

Ofélia e a Doce Loucura
Álvaro Cardoso Gomes   144

Isolde's Courtly Matrix of Mad Love: Patristic Discourse and
Romantic Infatuation
Stephen Trobisch   150

5

MADNESS AND SILENCE/ LOUCURA E SILÊNCIO 171

Irrevocable Wounds: Language Loss in Peter Weiss's *Die Ästhetik des Widerstands*
Olaf Berwald 172

To the Left of the Father: Destroying the Stereotype of Madness on the Brazilian Screen
Alessandra M. Pires 183

"Qué No Diera Yo por Saber Qué Hacer": Desenredos da Loucura em *Delírio*, de Laura Restrepo
Luciana Namorato 196

Introduction

[...] mas quero encontrar a ilha desconhecida, quero saber quem sou eu quando nela estiver.
— José Saramago, *O conto da ilha desconhecida*

So ist Pauls Kopf ganz einfach explodiert, weil er mit dem Hinauswerfen seines Geistesvermögens (aus seinem Kopf) nicht mehr nachgekommen ist.
— Thomas Bernhard, *Wittgensteins Neffe*

Why the need to decaffeinate the Other, to deprive him or her of their raw substance of jouissance?
— Slavoj Žižek, *Violence. Six Sideways Reflections*

"A man went to knock at the king's door and said, Give me a boat" (1). A citizen's initiative? A subject's slight? In his 1998 story "O conto da ilha desconhecida" ("The Tale of the Unknown Island"), Portuguese writer José Saramago sketches a pre-history of Portugal's Voyages of Discovery in a period in which all of the islands had supposedly already been discovered. The petitioner's plan is the first step in a project whose only geography turns out to be the domain of daydreams and folly. Is this character the prototype of the madman? Or just an adventure seeker, born a few decades too late? In the story, the monarch gives the adventurer a presentation card "which bore the word King underneath the king's name" (14): this modern Dom Henrique is no longer exploring the seas in search of Ceutas.

With an old caravel in his possession, but with no crew to accompany him, the story's protagonist hesitates. In a moment of earnest reflection, he exclaims to his new first mate, the king's former housekeeper: "You're mad, two

7

people on their own couldn't possibly sail a ship like this [...], it's madness" (35). It is here that the word "madness," which has sat silently on the tips of the tongues of the king and the sailors, is finally spoken. Does this apparent recognition confirm the diagnosis of those who scornfully mock the would-be explorer's proposal in this extemporaneous fable? Or does it prove just the opposite, that the adventurer is right in believing that there must be other undiscovered islands out there?

Saramago's tale, like the majority of stories that explore the topic of madness and that serve as the starting points for the essays collected in this volume, is an invitation to reflect on the concept of insanity itself. The story of a persistent man in search of the material means that would allow him to reveal the unknown is itself a parable of madness, one that knocks at the doors of reason. Protected from the threat of insanity by the palace walls, reason passes its time receiving gifts and, as is the case with the king, "only one supplicant [can] be dealt with at a time" (4). Receiving the petitioners is a necessity for the king, since he believes that doing so soothes the dissatisfaction of the masses. The tale becomes even more intriguing as we enter the most recondite chambers in this king's palace and discover the seemingly irrelevant details of this fable. Let us reflect, for example, on the personal appearance of the king before the adventurer — is there any way to explore madness other than by using instruments that have been recognized and authenticated by reason? —; on the dissatisfied monarch who, aware that the idea of discovering uncharted islands has not sounded so crazy to his predecessors, can do little more than assert the non-existence of all things beyond his knowledge — how much irrationality fits within our definition of reason? To what extent do we resist rethinking the notion of sanity? —; or on the king's lack of initiative — will reason expend most of its energy merely protecting itself from a threat whose boundaries it refuses to explore?

Much has been written concerning recent transformations of what used to simply be considered personality traits into symptoms of mental illnesses. For example, recent works by Lawrence H. Diller (*The Last Normal Child: Essays on the Intersection of Kids, Culture, and Psychiatric Drugs*, 2006), Christopher Lane (*Shyness: How Normal Behavior Became a Sickness*, 2007), and Allan V. Horwitz and Jerome C. Wakefield (*The Loss of Sadness: How Psychiatry Transformed Normal Sorrow into Depressive Disorder*, 2007) problematize the malleable nature of the concepts of normality and illness. As Peter Kramer points out in *Listening to Prozac* (1994), a patient's course of treatment depends precisely on the diagnosis of characteristics such as anxiety, compulsion, and low self-esteem as either personality markers or as symptoms or side effects. As he relates the cases of patients that reevaluated their own identity due to their use of Prozac, Kramer presents the reader with ethical dilemmas that involve both restricting and denying the individual under his care access to mood-altering medications, and he suggests that the medications used today run the risk of being accused of allowing individuals to achieve happiness through submission to and conformity with contemporary norms, as had been the case with psychotherapy in the past.[1,2]

The frequently illogical distinction between insanity and madness[3] is less surprising to today's reader than it was when Michel Foucault's *Folie et déraison: histoire de la folie à l'âge classique* (*The History of Madness*) was first published in 1961.[4] Discussion of this idea has moved beyond the walls of universities and hospitals to reach non-specialist readers by way of articles published in magazines such as *Psychology Today* and *Scientific American Mind* that have emphasized the capacity of humans to forge their own notion of normality (Kramer 2009), described personality problems as soft versions of mental illnesses (Ratey and Johnson),[5] or illuminated the connections between transformations at the cellular and chemical levels and mental stability (Higgins).[6] However, this growing curiosity surrounding mental illnesses, a result of scientific and technological advances in the area of diagnostics as well as in pharmacology, has not always led to greater understanding, although it has certainly increased people's desire to be cured. Nevertheless, as more and more medications become available on the market, the less effective they seem to be. We are living not only in an era of exaggerated usage of medications but also of excessive dissatisfaction on the part of patients. The intimate relationship between economic power and access to medical care and to medications demands a reexamination of the correlations between mental illness, inequality (economic, racial, and gender-based, among others), and morality.[7] One of the most visible relationships between madness and the diverse types of inequality as represented in the arts is the intimate connection between the concepts of woman and mental instability. The image of the madwoman in the attic — the central metaphor of Sandra M. Gilbert and Susan Gubar's *The Madwoman in the Attic* (1979), a study of women writers and literary imagination in the nineteenth century — invites critics and readers to reconsider the limits of (the image of) madness as an instrument of indictment, resistance, and challenge. Might insanity be an efficient formula for expression?[8] Could women be writing a particular story of madness? What relationship might exist between mental illness and expressive creativity?[9] More than providing answers, current reflections on the nature of the concept of madness confirm the need to constantly reexamine its arbitrary nature. Like the sails of the ship commanded by the beloved mariner imagined by Saramago, sails crafted to be "stretched by the vigorous winds" (27), reason must constantly defend itself against the threat posed by madness, always tearing at its edges.

In *Side Effects* (2006), British psychoanalyst Adam Phillips describes psychoanalysis as a form of retrieving those things that inadvertently fall out of the patient's pockets while he talks.[10] Despite the planning and the careful preparation of the essays published in this volume, the value of retrieving the remnants that have been overlooked or excluded in the process of bringing them together should not be forgotten, an admonition that applies equally to the reading of the collection as a whole as well as to the consideration of its individual essays. We would invite the reader of this compilation to watch for that which has been left out of it, for those things that are treated only peripherally and, most of all, for questions that are thought to be sufficiently discussed and resolved (but that surely have not been), in other words, for that which has fallen out of the pages or remains hidden between the lines of each essay. And if the concept of madness is challenging to define, reflecting on the notion of sanity is even more complicated, since it lacks the "drama" that often accompanies madness.[11] A sort of side effect because it is unexpected and unwanted, madness and its definitions project the contours of that which we understand (or fail to understand) as sanity.

Saramago's fable, used as an impetus for these reflections, insinuates questions that the author resists answering or developing with much precision, taking care not to detract from the richness of ambiguity. As Italo Calvino pointed out when he included the concept of "exactitude" as one of his proposals for the next (presently, the current) millennium, "Even a tale of wood catching fire in the kitchen fireplace can grow from within until it becomes infinite" (78). Thus, the value of narrative precision could be said to result from the lack of any limit on the minutia that can be used to tell even the simplest of stories. Unable to achieve completeness in narration, authors should try to be as succinct as possible. In ratification of this proposal, this volume of essays, conscious of the restrictions placed on its reach, aspires to extract richness from its limitations. In this attempt to explore representations of madness across various disciplines, from distinct periods and regions, we recognize the arbitrary nature of our selection, the folly of acknowledging an order in this extravagant sequence of images of madness which at times appear in the form of silences, disguise themselves in echoes and shadows of sanity, and intermingle with reason. Our intent in dividing these articles into subgroups is aimed more at provoking novel kinds of reflection than discouraging any questioning that goes beyond or contradicts the proposed organization. We would also suggest that the essays be read in light of the challenges inherent in any type of project that addresses the current debate over the concept of madness.

In the section titled "Origins of Madness," we include two essays that explore possible sources of mental instability. Stephen C. Berkwitz examines the concept of feminine madness as it appears in texts from the Buddhist tradition in "Madness and Gender in Buddhism," concluding that a review of the Buddhist tradition's portrayal of madness reveals more about Buddhism's vision of women than about the human mind in general. He finds that women succumb to insanity for reasons that differ greatly from those that lead men to lose their minds: when they lack the protection of men or are denied a representative of masculinity to care for, madness becomes their only option. In "Hereditary Madness and (Anti)genealogical Treatment in Moacyr Scliar's *The Strange Nation of Rafael Mendes*," Jason Jolley describes the relationships between mental illness and genealogical discourse as a form of therapy in the work of a Jewish-Brazilian novelist. In *A estranha nação de Rafael Mendes*, the protagonist's search for his ancestors initially suggests mental illness to be a hereditary condition whose cure lies in discovering and understanding the patient's family history. However, by the end of the novel, Rafael has given up on his search for logical or definitive answers, a surrender that stresses the need to revise the traditional concept of genealogy in favor of a new framework capable of questioning the exclusion of certain groups in the process of nation-building.

In "Madness and Christianity," we propose a dialogic reading of two essays: "As Bruxas Portuguesas na Idade Média e no Renascimento," by Monica Rector, and "As Beatas e o Seu Mundo," by Alzira Lobo de Arruda Campos.

Rector analyzes the exemplary roles performed by women during the Middle Ages and the Renaissance in Portugal as they are described in poems and prose texts from those periods. Between the extremes of the Virgin Mary ideal and the demonized witch figure, a limited range of other roles were available to women. Virtually invisible and denied a voice in the Middle Ages and the Renaissance in Portugal, women and the portrayal of their madness and witchcraft are products of a masculine discourse. In her article, Rector focuses on the relationship between a woman's social class and her inclusion in one of these categories, and proposes a rethinking of the concept of madness in light of the restricted roles available to women in Medieval and Renaissance society. In "As Beatas e o Seu Mundo," Campos studies sentences received by *beatas* (or religious devotees) during the period of the Inquisition in Portugal and relates them to the case of Padre Cícero Romão Batista and Maria do Araújo, in the Brazilian state of Ceará in 1891. Campos observes that, in the case of the *beatas*, their range of action is proportional to the extension of their network of social contacts, which determines, for example, whether a woman is considered a witch or a saint — in other words, whether she is deemed mad or sane. Beatitude and witchcraft, both widely practiced within the Church during the period analyzed by Campos, were feminine weapons wielded in the struggle to gain access to social benefits that were then reserved for men exclusively.

In "Gender and Madness," Saulo Gouveia analyzes three chronicles written by Brazilian journalist Paulo Barreto, better known by his pseudonym João do Rio, in the essay "As Musas de João do Rio: Mulheres Renegadas da *Belle Époque* sob o Olhar de um *Flâneur* Tropical." The chronicles relate the stories of feminine protagonists facing the new social order emerging in Rio de Janeiro during the transition from the nineteenth to the twentieth century. Gouveia reads João do Rio's portrayal of women on the border between reason and madness as a narrative strategy employed by the author to denounce the violence of the *Belle Époque* in Rio and the randomness and lack of vision that characterized the process of modernization imposed on what was then Brazil's capital city. Associated with begging and crime, the madness of João do Rio's muses reflects the vision of insanity prevalent in that era. In "The Image on the Wall: Representations of Madness in Charlotte Perkins Gilman's 'The Yellow Wallpaper' and in Lya Luft's *O Quarto Fechado*," Regina Lopes dos Santos proposes a dialogue between American and Brazilian literature rooted in the interpretation of metaphors of madness commonly associated with feminine repression. The protagonists of Gilman's story and Luft's novel express their frustrations by projecting them onto the images that surround them, specifically a wallpaper pattern and a painting. Oppressed, isolated, and silenced, the characters in these texts turn to provisional solutions to translate their dissatisfactions and anxieties. This suppressed and distorted expression of their desires is frequently tinged with symptoms of madness.

In the "Dialogues" section, Álvaro Cardoso Gomes proposes a journey through Ophelia's madness as it has been portrayed by artists in his essay "Ofélia e a Doce Loucura." Created as a dramatic character by William Shakespeare, Ophelia also comes to life on the canvas of English painter John Everett Millais and in poems by Arthur Rimbaud and António Nobre. As either a passive rebellion against the *status quo* or a visionary state that inspires poetic creativity, Ophelia's madness is aestheticized and, together with her death, associated with the domain of beauty. In "Isolde's Courtly Matrix of Mad Love: Patristic Discourse and Romantic Infatuation," Stephen Trobisch revisits the classic story of Tristan and Isolde, establishing a relationship between Gottfried von Straßburg's thirteenth-century epic poem and contemporary manifestations inherited from the Western tradition of courtly and romantic love, including, for example, the relationship between the adolescent Bella and the vampire Edward in the *Twilight* series, by American author Stephenie Meyer. Trobisch underscores the madness of these paradigms and cultural constructs present in notions of gender and love. In contexts characterized by romantic love or love of love itself, the love object, often described as superhuman or quasi-divine, can be said to fulfill the largely selfish purpose of completing its partner, a burden whose unsustainability lies concealed in the narratives analyzed in this article.

The section titled "Madness and Silence" includes three essays that approach the absence of language as a symptom of madness. In "Irrevocable Wounds: Language Loss in Peter Weiss's *Die Ästhetik des Widerstands*," Olaf Berwald considers discursive voids as signs of the loss of voice and the deconstruction of the subject brought on by a traumatic experience. In *The Aesthetics of Resistance*, a novel by German playwright, novelist, painter, and director Peter Weiss, the narrator recounts the experience of his mother, a victim of Nazi violence against the Jews, emphasizing the subsequent fragmentation of language and her ultimate silencing, which are suggestive of the difficulties or impossibilities of portraying the Holocaust. Trauma and madness are brought together in a manner that demands new times of remembering, a rethinking of forms of historical and aesthetic awareness that are only superficially able to silence brutalities and provide comfort. In "To the Left of the Father: Rethinking the Stereotype of Madness on the Brazilian Screen," Alessandra M. Pires analyzes the film adaptation of *Lavoura arcaica*, a fictional work by Brazilian writer Raduan Nassar. Both the novel and Luiz Fernando Carvalho's film subvert the negative conception of madness by questioning the notion of sanity. However, in the film, the dreams, soliloquies, and discussions that abound in the novel are substituted by the use of silence, which serves as a vehicle to denounce the oppression experienced by the family. In the face of the order imposed by the father's speech, the exclusion of the individual from the family group is interpreted as madness, a refuge for those who seek liberty. Alongside death, madness becomes a way to break the repetitive cycle of the father's sermons and to glimpse the future by rejecting the present as the space of the eternal return of the past, of that which has already been determined. In "'Qué No Diera Yo por Saber Qué Hacer': Desenredos da Loucura em *Delírio*, de Laura Restrepo," Luciana Namorato highlights the problematization of the concept of madness by analyzing the relationships between the theme of the Colombian novelist's text and its structure. Faced with a distorted and incoherent narrative, the reader experiences the frustration of trying to understand madness by trusting in assumptions that madness itself puts into doubt, which leads to a recognition of the limitations of the accusations unveiled by the delirious character. By coinciding with the characters' abandonment of their quest to understand the origins of mental illness, the conclusion of the novel represents sanity as a restoration of the subject's desire to participate in social exchanges through the use of a code, in other words, through her reinsertion into the territory of the production of meaning or communication.

By offering these essays, we extend an invitation to those who, like the seasoned sailors in Saramago's tale, are afraid "to leave the comfort of their homes and the good life" (30) to accompany us in this exploration. In emulation of the example of the adventurer, unable to describe his achievements before living them — "How could I tell them about an unknown island, if I don't even know where it is [?]" (30-31) —, let us refrain from setting a precise course for our investigation of these various versions of madness, from robbing ourselves of discovering the richness of the unexpected inherent in the process, and from silencing whatever might contradict or complement our vision.

"The Unknown Island finally set to sea, in search of itself" (51).

Luciana Namorato

Notes

[1] For background on the history of the interpretation and treatment of mood disorders in psychiatry, see Shorter.

[2] "Perhaps medication now risks playing a role that psychotherapy was accused of playing in the past: it allows a person to achieve happiness through conformity to contemporary norms" (Kramer 40).

[3] In this introduction, we treat terms such as "madness," "insanity," and "mental instability" or "mental illness" as synonyms.

[4] In *Revels in Madness*, Thiher studies the relationship between literary and medical discourse on insanity since the time of Hippocrates until the turn of the twenty-first century. For a detailed discussion of representations of insanity in art, literature, and modern thought, see *Madness and Modernism*, by Sass.

[5] "Life changes when we begin to realize that people can have subtle, hidden, or partial mental disorders" (47).

[6] "Throughout history shamans, clerics, and physicians have tried to pin down what goes awry when a person slips into sadness, insanity or psychosis. [...] Today many researchers believe that psychiatric disorders arise in large from a person's genetic makeup" (40).

[7] For a more detailed discussion of this topic, consult Mowrer, Conrad and Schneider, and Guimón. For an analysis of the relationship between madness and the moral responsibility resulting from the clash between the medical model and the anti-psychiatry movement, see Radden. For more details regarding the relativity of the concept of madness, see Veit-Wild and Sontag.

[8] In *The Madwoman Can't Speak*, Caminero-Santangelo revives the metaphor proposed by Gilbert and Gubar, using it to examine works by women writers of the Americas published during the second half of the twentieth century. Her analysis reveals the difficulties of subverting the violence of the social order against women through the images and language of insane characters. The relationship between gender and mental illness is the topic of *Maternity, Mortality, and the Literature of Madness*, in which Yalom analyzes works by Sylvia Plath, Marie Cardinal, and Margaret Atwood. In *Depression and Narrative*, Clark dedicates a section to the study of representations of the relationship between gender and depression in the narrative tradition ("Gender and Depression" 83-142).

[9] For more on the relationship between mental illness and creativity, see Berlin, Jamison, Caramagno, and Saunders and Macnaughton, and compare these to Szasz. For a discussion of mental illness as an instrument of stigmatization and for negotiating identity, see the section "Negotiating Illness Identity and Stigma," in Clark (15-79). In "Loucura, mulher e representação," Silva studies the self-representation of madness

in the works of two Brazilian women writers, contrasting its positivity with the negative representation of mental illness that she sees as prevalent in the Brazilian literary tradition.

[10] "Psychoanalysis as a form of therapy works by attending to the patient's side effects, what falls out of his pockets once he starts speaking" (xi).

[11] "Even though it is an abstract word, madness is an abstraction we can visualize, we can picture how it performs. Sanity doesn't quite come to life for us in the same way: it has no drama" (Phillips 2005, 4).

Works Cited

Berlin, Richard M. *Poets on Prozac*. Baltimore: The Johns Hopkins UP, 2008.
Calvino, Italo. "Exactitude." *Six Memos for the Next Millennium*. Cambridge: Harvard UP, 1988. 55-80.
Caminero-Santangelo, Marta. *The Madwoman Can't Speak. Or Why Insanity Is Not Subversive*. Ithaca, NY: Cornell UP, 1998.
Caramagno, Thomas C. *The Flight of the Mind: Virginia Woolf's Art and Manic-Depressive Illness*. Berkeley: U of California P, 1992.
Clark, Hilary, ed. *Depression and Narrative: Telling the Dark*. Albany, NY: State U of New York P, 2008.
Conrad, Peter, and Joseph W. Schneider. *Deviance and Medicalization: From Badness to Sickness*. 1980. Columbus, OH: Merrill, 1985.
Diller, Lawrence H. *The Last Normal Child: Essays on the Intersection of Kids, Culture, and Psychiatric Drugs*. Westport, CT: Praeger, 2006.
Foucault, Michel. *History of Madness*. London: Routledge, 2006.
Gilbert, Sandra M., and Susan Gubar. *The Madwoman in the Attic. The Woman Writer and the Nineteenth-Century Literary Imagination*. New Haven: Yale UP, 1979.
Guimón, José. *Inequity and Madness: Psychosocial and Human Rights Issues*. New York: Kluwer, 2001.
Higgins, Edmund S. "The New Genetics of Mental Illness." *Scientific American Mind* 19.3 (2008): 40-47.
Horwitz, Allan V., and Jerome C. Wakefield. *The Loss of Sadness: How Psychiatry Transformed Normal Sorrow into Depressive Disorder*. New York: Oxford UP, 2007.
Kramer, Peter D. *Listening to Prozac*. London: Fourth Estate, 1994.
---. "What is Normal?" *Psychology Today* 42.6 (2009): 74-79.
Jamison, Kay Redfield. *Touched with Fire: Manic-Depressive Illness and the Artistic Temperament*. 1993. New York: Maxwell Macmillan, 1994.
Lane, Christopher. *Shyness: How Normal Behavior Became a Sickness*. New Haven: Yale UP, 2007.

Mowrer, Hobart, ed. *Morality and Mental Health*. Chicago: Rand McNally, 1967.
Phillips, Adam. *Going Sane*. New York: Harper Perennial, 2005.
---. Preface. *Side Effects*. New York: Harper Perennial, 2006. xii-xv.
Radden, Jennifer. *Madness and Reason*. London: George Allen & Unwin, 1985.
Ratey, John, and Catherine Johnson. "Out of the Shadow." *Psychology Today* 30.3 (1997): 46-80.
Saramago, José. *The Tale of the Unknown Island*. Trans. Margaret Jull Costa. New York: Harcourt Brace, 1999.
Sass, Louis A. *Madness and Modernism. Insanity in the Light of Modern Art, Literature, and Thought*. New York: Basic Books, 1992.
Saunders, Corinne, and Jane Macnaughton. *Madness and Creativity in Literature and Culture*. New York: Palgrave Macmillan, 2005.
Shorter, Edward. *Before Prozac: The Troubled History of Mood Disorders in Psychiatry*. New York: Oxford UP, 2009.
Silva, Gislene Maria Barral Lima Felipe da. "Loucura, mulher e representação: fronteiras da linguagem em Maura Lopes Cançado e Stela do Patrocínio". *Ver e imaginar o outro. Alteridade, desigualdade, violência na literatura brasileira contemporânea*. Ed. Regina Dalcastagnè. Vinhedo, SP: Horizonte, 2008. 153-66.
Sontag, Susan. "Artaud." Introduction. *Antonin Artaud: Selected Writings*. Ed. Susan Sontag. New York: Farrar, Straus and Giroux, 1976. xvii-lix.
Szasz, Thomas. "My Madness Saved Me." *The Madness and Marriage of Virginia Woolf*. New Brunswick, NJ: Transaction, 2006.
Thiher, Allen. *Revels in Madness. Insanity in Medicine and Literature*. Ann Arbor: The U of Michigan P, 1999.
Veit-Wild. Introduction. *Writing Madness. Borderlines of the Body in African Literature*. Oxford: James Currey, 2006. 1-6.
Yalom, Marilyn. *Maternity, Mortality, and the Literature of Madness*. University Park: Pennsylvania State UP, 1985.

Introdução

[...] mas quero encontrar a ilha desconhecida, quero saber quem sou eu quando nela estiver.
— José Saramago, *O conto da ilha desconhecida*

So ist Pauls Kopf ganz einfach explodiert, weil er mit dem Hinauswerfen seines Geistesvermögens (aus seinem Kopf) nicht mehr nachgekommen ist.
— Thomas Bernhard, *Wittgensteins Neffe*

Why the need to decaffeinate the Other, to deprive him or her of their raw substance of jouissance?
— Slavoj Žižek, *Violence. Six Sideways Reflections*

"Um homem foi bater à porta do rei e disse-lhe, Dá-me um barco" (1). Iniciativa de um cidadão? Desacato de um súdito? Em seu "O conto da ilha desconhecida" (1998), o escritor português José Saramago rascunha uma pré-história das Grandes Navegações portuguesas em uma época em que todas as ilhas já teriam sido descobertas. O plano do suplicante é preâmbulo de um projeto sem lugar senão no âmbito do devaneio ou desvario. Seria ele protótipo do louco? Ou aventureiro nascido com alguns séculos de atraso? No conto, o monarca entrega ao aventureiro um cartão de visitas onde se diz "Rei por baixo do nome do rei" (20): o Dom Henrique desse súdito não parte mais em busca de Ceutas.

Já dono de uma antiga caravela, mas sem tripulação que o acompanhe, o protagonista do conto titubeia. E diante da ex-senhora da limpeza do palácio, agora companheira de empreitada, desabafa: "Estás doida, duas pessoas sozinhas não seriam capazes de governar um barco destes [...], é uma loucura" (45). Até então silenciada na boca do rei e dos marinheiros, a palavra "loucura" é finalmente pronunciada. Confirmar-se-ia assim o diagnóstico dos que recebem com escárnio a proposta do desbravador nessa fábula extemporânea? Ou, por outro lado, comprovar-se-ia justamente o oposto, ou seja, a razão do aventureiro que crê impossível não existirem mais ilhas desconhecidas?

O conto de Saramago, como a maioria das histórias que abordam o tema da loucura e que servem como pontos de partida aos ensaios desse volume, é convite à reflexão a respeito do próprio conceito de insanidade. A saga de um persistente homem em busca de meios materiais que lhe permitam tornar conhecido o desconhecido é também parábola da loucura ela mesma, a bater nos portões da razão. Protegida da ameaça da insanidade detrás dos muros do palácio, a razão dedica-se a receber obséquios e, como o monarca, só pode "atender um suplicante de cada vez" (10). Recebê-los, entretanto, faz-se necessário, uma vez que o rei acredita assim apaziguar a insatisfação popular. O conto torna-se ainda mais intrigante quando se adentram os quartos mais recônditos do palácio desse rei e se desvelam detalhes aparentemente irrelevantes dessa fábula. Reflitamos, por exemplo, a respeito do comparecimento em pessoa do rei diante do aventureiro — haveria outra maneira de se investigar a loucura, senão por meio de instrumentos reconhecidos e autenticados pela razão? —; ou sobre a descrença do monarca frente ao que há pouco fora projeto de nação e sua categórica proclamação da inexistência do que desconhece — o quanto de desrazão cabe em nossa definição de razão? O quanto resistimos a repensar o conceito de sanidade? —; ou a respeito da falta de ocupação desse monarca — dedicar-se-ia a razão grande parcela de sua energia a simplesmente se proteger de uma ameaça cujos contornos se nega a investigar?

Muito se tem discutido a respeito das recentes transformações do que antes era compreendido como simples traços da personalidade em sintomas de doenças mentais.

Obras recentes, como as de Lawrence Diller (Timidez: como o comportamento normal se tornou uma doença, 2006), de Christopher Lane (A última criança normal: ensaios na intersecção entre crianças, cultura e medicamentos psiquiátricos, 2007), e de Allan Horwitz e Jerome Wakefield (A perda da tristeza: como a psiquiatria transformou a dor comum em doença depressiva, 2007), problematizam a maleabilidade dos conceitos de normalidade e doença. Conforme Peter Kramer recorda em *Listening to Prozac* (1994, traduzido ao português como *Ouvindo o Prozac* em 1995), o curso do tratamento do paciente depende precisamente do diagnóstico de características como ansiedade, compulsão e baixa auto-estima ou como marcas da personalidade, ou como sintomas ou efeitos colaterais. Ao relatar casos de pacientes que reavaliaram sua própria identidade ao fazer uso do Prozac, Kramer compartilha com o leitor os dilemas éticos que envolvem tanto suprir quanto negar ao indivíduo sob seu cuidado medicamentos que alteram o humor, e sugere que atualmente os medicamentos arriscam serem acusados de permitir ao indivíduo alcançar a felicidade por meio da submissão e da conformidade às normas contemporâneas[1,2].

A freqüentemente ilógica distinção entre sanidade e loucura[3] em nossa era da razão não surpreende mais o leitor como quando Michel Foucault publicou *Folie et déraison: histoire de la folie à l'âge classique* (*História da loucura na Idade Clássica*), em 1961[4]. Extrapolando os muros de universidades e hospitais, a discussão alcança o público não especializado através de artigos publicados em revistas como *Psicologia Hoje* e *Scientific American Mind* que ressaltam a capacidade humana de forjar seu próprio conceito de normalidade (Kramer 2009), descrevem problemas de caráter como versões brandas de doenças mentais (Ratey e Johnson)[5], ou iluminam a conexão entre transformações químicas ao nível celular e estabilidade mental (Higgins)[6]. A crescente curiosidade a respeito das doenças mentais, fruto dos avanços científicos e tecnológicos tanto na área do diagnóstico como da farmacologia, no entanto, nem sempre equivale a esclarecimento, mas certamente amplia o desejo de curar(-se). Enquanto mais e mais medicamentos são disponibilizados no mercado, menos estes parecem funcionar. Vivemos não somente uma era de exagerado uso de medicamentos, mas também de excessiva insatisfação dos pacientes. A estreita ligação entre poder econômico, atendimento médico e acesso a fármacos exige um reexame dos elos entre doença mental, desigualdade (econômica, racial, de gênero, somente para mencionar algumas delas) e moralidade[7]. Dentre as conexões entre loucura e as diversas formas de opressão representadas nas artes, ressalta-se a relação entre a personagem feminina e o desequilíbrio mental. A imagem da louca no sótão — metáfora condutora do estudo *The Madwoman in the Attic* (A louca no sótão, 1979), de Sandra M. Gilbert e Susan Gubar, um estudo a respeito das escritoras femininas e a imaginação literária no século XIX — convida a crítica a repensar os limites do alcance da (imagem da) loucura como instrumento de denúncia, resistência e contestação. Seria a insanidade fórmula eficiente de expressão[8]? Estariam as mulheres escrevendo uma história particular da loucura? Qual seria a relação entre doença mental e criatividade[9]? Mais do que respostas, as reflexões atuais acerca da natureza do conceito de desrazão confirmam a necessidade do reexame constante de sua arbitrariedade. Como as velas do barco do marinheiro amador concebido por Saramago, velas estas confeccionadas de forma a "suportar os esticões saudáveis do vento" (34), a razão precisa defender-se constantemente da ameaça da loucura, sempre a esgarçar seus limites.

Em *Side Effects* (Efeitos colaterais, 2006), o psicanalista britânico Adam Phillips descreve a psicanálise como uma forma de resgate daquilo que o paciente inadvertidamente deixa cair de seus bolsos enquanto fala[10]. Apesar do planejamento e da cuidadosa preparação dos ensaios aqui publicados, não se deve descartar o valor de recolherem-se os restos de sua composição, seja observando o volume como um todo, seja tendo em vista cada artigo em particular. Propomos que o leitor atente para o que se encontra excluído desta coleção, para o que se aborda somente de passagem e, principalmente, para as questões que se crêem suficientemente discutidas e resolvidas (e que certamente não estão), em outras palavras, para o que escapa deste livro, seja por não figurar em suas páginas, seja por esconder-se em suas entrelinhas. E se a loucura é conceito de difícil definição, mais complexo ainda é pensar-se a sanidade, uma vez que esta se encontra desprovida do "drama" que comumente acompanha a loucura[11]. Uma espécie de efeito colateral porque inesperada e indesejada, a loucura e suas definições projetam os contornos do que compreendemos (ou falhamos em compreender) como sanidade.

Na fábula de Saramago tomada como ponto de partida destas reflexões, insinuam-se perguntas que seu autor resiste a responder ou elaborar com precisão, evitando assim roubar-lhes a riqueza de sua ambigüidade. Conforme recorda Italo Calvino ao propor o conceito de "exatidão" como uma de suas propostas para o próximo (e agora atual) milênio, "Até mesmo o relato da lenha que se acende no fogão da cozinha pode crescer de seu núcleo para se tornar infinito" (91). O valor da precisão da narrativa adviria, desta forma, da inexistência de limites à minúcia com que se pode contar até a mais simples das histórias. Incapaz de relatar a completude, restaria ao autor esmerar-se em indicá-la de forma sucinta. Ratificando tal proposta, este volume de ensaios, consciente das restrições de sua abrangência, pretende extrair riqueza de suas limitações. Ao investigarmos as representações da loucura em diferentes áreas do saber, em distintos momentos e regiões, reconhecemos a arbitrariedade de nossa seleção, a insensatez em reconhecer-se uma ordem nessa extravagante seqüência de imagens da loucura que, vez por outra, tomam a forma de silêncios, que se disfarçam em ecos e sombras da sanidade e com esta se confundem. Pretendemos que a organização dos artigos em subgrupos funcione mais como provocação de inusitadas reflexões do que como inibição de questionamentos que extrapolem e contradigam a divisão determinada. Propomos também que os artigos sejam lidos tendo-se em mente os desafios inerentes a um mergulho no debate atual sobre o conceito de insanidade.

Em "Origens da Loucura", agrupamos dois ensaios que investigam possíveis fontes de desequilíbrio mental. Stephen C. Berkwitz examina o conceito de loucura feminina conforme descrito em textos da tradição budista no ensaio "Madness and Gender in Buddhism" e conclui que uma revisão do retrato da loucura na tradição budista revela mais a respeito da visão do Budismo sobre a mulher do que sobre a mente humana em geral. O indivíduo do sexo feminino sucumbiria à insanidade por razões distintas daquelas que levariam o homem à perda da razão: desprovida da proteção do homem ou carente de um representante masculino a quem possa dedicar seus cuidados, somente lhe resta a loucura. Em "Hereditary Madness and (Anti)genealogical Treatment in Moacyr Scliar's *The Strange Nation of Rafael Mendes*", Jason Jolley descreve as relações entre doença mental e o discurso genealógico como forma de terapia na obra de um romancista judeu e brasileiro. Em *A estranha nação de Rafael Mendes*, a investigação do protagonista a respeito de seus predecessores sugere, a princípio, que a doença mental é condição hereditária a ser curada por meio do desvendamento e da compreensão da história familiar do paciente. Na conclusão do romance, Rafael, entretanto, desiste de sua busca por respostas lógicas ou definitivas, desistência essa que sugere uma necessidade de revisão do conceito tradicional de genealogia em nome de uma proposta capaz de questionar a exclusão de determinados grupos do processo de construção do conceito de nação.

Em "Loucura e Cristianismo", propomos a leitura em diálogo dos ensaios "As Bruxas Portuguesas na Idade Média e no Renascimento", de Monica Rector, e "As Beatas e o Seu Mundo", de Alzira Lobo de Arruda Campos. Rector descreve os modelos exemplares desempenhados pelas mulheres durante a Idade Média e o Renascimento em Portugal, conforme descritos em textos em prosa e poesia da época. Entre o ideal da Virgem Maria e a denominação de bruxa, disponibilizam-se às mulheres papéis como os de soldadeira, bailadeira, ama, alcoviteira, prostituta, barregã, viúva ou criminosa. Praticamente invisíveis e desprovidas de voz, as mulheres e o retrato de sua loucura e bruxaria são produtos de um discurso masculino. Em seu artigo, Rector ressalta a relação entre a classe social e a inclusão da mulher em uma das categorias disponíveis, e propõe que se repense o conceito de loucura à luz do restrito papel da mulher na sociedade medieval e renascentista portuguesa. Em "As Beatas e o Seu Mundo", Campos estuda sentenças proferidas contra mulheres beatas na época da Inquisição em Portugal, relacionando-as ao caso protagonizado por Padre Cícero Romão Batista e Maria do Araújo, no Ceará, Brasil, em 1891. Campos observa que, no caso das beatas, seu raio de ação é proporcional ao alcance de seus contatos sociais, que determinam, por exemplo, se uma mulher é considerada bruxa ou santa, ou seja, sã ou louca. A beatitude e a feitiçaria, ambas amplamente divulgadas pela Igreja nas épocas estudadas por Campos, constituem uma arma na luta feminina pelo usufruto de benefícios sociais então reservados aos homens.

Em "Gênero e Loucura", Saulo Gouveia estuda três crônicas do jornalista brasileiro Paulo Barreto, mais conhecido por seu pseudônimo João do Rio, no ensaio "As Musas de João do Rio: Mulheres Renegadas da *Belle Époque* sob o Olhar de um *Flâneur* Tropical". O cronista apresenta protagonistas femininas diante de uma nova ordem social a estabelecer-se no Rio de Janeiro na transição do século XIX ao XX. Gouveia analisa a proposta de João do Rio de retratar mulheres no limite entre razão e loucura como estratégia narrativa de denúncia da violência dessa *Belle Époque* carioca e da arbitrariedade e cegueira do processo de modernização imposto à então capital brasileira. Associada à mendicância e à criminalidade, a loucura das musas de João do Rio reflete a visão de insanidade que prevalece na época. Em "The Image on the Wall: Representations of Madness in Charlotte Perkins Gilman's 'The Yellow Wallpaper' and in Lya Luft's *O Quarto*

Imagens da Loucura

Fechado", Regina Lopes dos Santos propõe um diálogo entre a literatura brasileira e a norte-americana de forma a decodificar metáforas da loucura comumente associadas à repressão feminina. No conto de Gilman e no romance de Luft, as protagonistas expressam suas frustrações por meio da projeção destas em imagens que as cercam, seja em uma pintura, seja na estampa de um papel de parede. Oprimidas, isoladas e silenciadas, as personagens dessas obras recorrem a instrumentos provisórios de forma a traduzir suas insatisfações e anseios. Essa expressão abafada e distorcida de seus desejos com freqüência se confunde com sintomas de insanidade.

Na seção "Diálogos", Álvaro Cardoso Gomes propõe em "Ofélia e a Doce Loucura" uma viagem pela loucura de Ofélia conforme retratada nas artes. Personagem do dramaturgo William Shakespeare, Ofélia ressurge na tela do também inglês John Everett Millais e em poemas do francês Arthur Rimbaud e do português António Nobre. Confundindo-se com revolta passiva ao *status quo* ou com um estado visionário impulsionador da criação poética, a loucura de Ofélia é estetizada e, lado a lado com sua morte, remete à dimensão do belo. Em "Isolde's Courtly Matrix of Mad Love: Patristic Discourse and Romantic Infatuation", Stephen Trobisch revisita a clássica história de Tristão e Isolda, estabelecendo uma relação entre o poema épico de Gottfried von Straßburg, datado do século XIII, e manifestações contemporâneas hereditárias da tradição ocidental de amor cortês e de amor romântico, como por exemplo o relacionamento entre a adolescente Bella e o vampiro Edward, protagonistas da série *Crepúsculo*, da escritora norte-americana Stephenie Meyer. Trobisch ressalta a loucura desses paradigmas e construtos culturais presente nas noções de gênero e de amor. No contexto em que predomina o amor romântico, ou o amor pelo próprio amor, o ser amado, não raras vezes descrito como super-humano e quase divino, serviria ao propósito mormente egoísta de completar seu parceiro, um fardo cuja insustentabilidade se encontraria encoberta nas narrativas analisadas nesse artigo. Sob o subtítulo "Loucura e Silêncio", agrupamos três ensaios que abordam a ausência de linguagem como sintoma da loucura. Em "Irrevocable Wounds: Language Loss in Peter Weiss's *Die Ästhetik des Widerstands*", Olaf Berwald examina vazios do discurso como índices da perda de voz e da desconstrução do eu resultantes de uma experiência traumática. Em *Estética da resistência*, romance do novelista, dramaturgo, pintor e diretor de cinema alemão Peter Weiss, o narrador relata a experiência de sua mãe, vítima da violência nazista contra os judeus, enfatizando a subseqüente fragmentação da linguagem e seu definitivo silenciamento, que apontariam para as dificuldades ou impossibilidades de abordar-se o tema do Holocausto. Trauma e loucura associam-se de forma a exigirem novas formas de lembrança, ou seja, um repensar de consciências históricas e estéticas que recusem conclusões imediatas, somente na superfície capazes de silenciar brutalidades e gerar conforto. Em "To the Left of the Father: Rethinking the Stereotype of Madness on the Brazilian Screen", Alessandra M. Pires analisa a adaptação para as telas do cinema do romance *Lavoura arcaica*, do ficcionista brasileiro Raduan Nassar. Tanto o romance como o filme subvertem a acepção negativa da loucura ao pôr em questão o conceito de sanidade. Os sonhos, solilóquios e discussões que abundam no livro são transpostos para a tela em uma narrativa fílmica que privilegia o silêncio como instrumento de denúncia e subversão da opressão familiar. Diante da ordem imposta pela fala paterna, a exclusão do indivíduo do grupo familiar confunde-se com a loucura, refúgio daqueles que anseiam pela liberdade. Ao lado da morte, a desrazão permitiria romper o ciclo de repetição dos sermões do pai e vislumbrar o futuro por meio da rejeição do presente como espaço de eterno retorno, ou seja, do já determinado. Em "'Qué No Diera Yo por Saber Qué Hacer': Desenredos da Loucura em *Delirio*, de Laura Restrepo", Luciana Namorato ressalta a problematização do conceito de loucura por meio da análise das relações entre o tema do romance da colombiana Laura Restrepo e a estrutura da obra. Diante de uma narrativa violentada e incoerente, o leitor experimenta a frustração de esforçar-se para compreender a loucura confiando justamente em pressupostos por ela questionados, e reconhece assim as limitações das denúncias expostas pelo personagem louco. A conclusão do romance, por coincidir com a desistência dos personagens de compreenderem as origens do desequilíbrio mental, iguala a sanidade ao resgate do desejo do sujeito de participar de trocas sociais por meio de um código, ou seja, à sua reinserção no terreno da produção de significados ou da comunicação.

Por meio deste volume de ensaios, convidamos aqueles que, como os marinheiros de carreira do conto de José Saramago, temem abandonar o "sossego dos seus lares e da boa vida" a acompanharem-nos nessa investigação. Seguindo o exemplo do aventureiro do conto, incapaz de descrever seus sucessos antes de experimentá-los — "Como poderia falar-lhes eu duma ilha desconhecida, se não a conheço [?]" (39) —, abstemo-nos a delinear com precisão nossa investida no terreno das várias loucuras, a roubar a riqueza do imprevisto inerente a esse processo, a silenciar o que possa vir a contradizê-lo ou complementá-lo.

"A Ilha Desconhecida fez-se enfim ao mar, à procura de si mesma" (62).

Luciana Namorato

Notas

[1] A respeito da história da interpretação e do tratamento dos distúrbios do humor na psiquiatria, consultar Shorter.

[2] "Perhaps medication now risks playing a role that psychotherapy was accused of playing in the past: it allows a person to achieve happiness through conformity to contemporary norms" (Kramer 40). (Talvez os medicamentos agora corram o risco de desempenhar um papel semelhante àquele que a psicoterapia foi acusada de desempenhar no

passado: o de permitir a uma pessoa alcançar a felicidade por meio da conformidade às normas contemporâneas.)

[3] Nesta introdução, utilizaremos as palavras "loucura", "insanidade" e "desrazão" como sinônimas.

[4] Em *Revels in Madness* (Celebrações na loucura), Thiher estuda a relação entre o discurso literário e médico sobre a insanidade desde a época de Hipócrates até a virada do século XX ao XXI. A respeito da representação da insanidade na arte, na literatura e no pensamento moderno, ver *Madness and Modernism* (Loucura e Modernismo), de Sass.

[5] "Life changes when we begin to realize that people can have subtle, hidden, or partial mental disorders" (47). (A vida muda quando começamos a perceber que as pessoas podem ter doenças mentais sutis, escondidas ou parciais.)

[6] "Throughout history shamans, clerics and physicians have tried to pin down what goes awry when a person slips into sadness, insanity or psychosis. [...] Today many researchers believe that psychiatric disorders arise in large from a person's genetic makeup" (40). (Por toda a história, xamãs, clérigos e médicos vêm tentando compreender as causas de uma pessoa se entregar à tristeza, à insanidade ou à psicose. [...]. Hoje em dia os pesquisadores acreditam que as doenças psiquiátricas se devem em grande parte ao perfil genético do indivíduo.)

[7] Para uma discussão mais detalhada a esse respeito, consultar Mowrer, Conrad e Schneider, e Guimón. A respeito da relação entre loucura e responsabilidade moral resultante do embate entre o modelo médico e o movimento da antipsiquiatria, consultar Radden. Para mais detalhes a respeito da relatividade do conceito de loucura, ver Veit-Wild e Sontag.

[8] Em *The Madwoman Can't Speak* (A mulher louca não pode falar), Caminero-Santangelo retoma a metáfora proposta por Gilbert e Gubar para examinar obras de escritoras do continente americano publicadas na segunda metade do século XX. Sua análise focaliza as dificuldades de subverter-se a violência da ordem social contra a mulher através da imagem e linguagem da personagem insana. A relação entre gênero e doença mental é tema de *Maternity, Mortality, and the Literature of Madness* (Maternidade, mortalidade e a literatura da loucura), em que Yalom examina obras de Sylvia Plath, Marie Cardinal e Margaret Atwood. Em *Depression and Narrative* (Depressão e narrativa), Clark dedica uma seção ao estudo das representações da relação entre gênero e depressão na tradição narrativa ("Gender and Depression" 83-142).

[9] A respeito da relação entre doença mental e criatividade, consultar Berlin, Jamison, Caramagno, e Saunders e Macnaughton. Confrontar com Szasz. Para uma discussão a respeito de doença mental como instrumento de negociação de identidade e como estigma, consultar a seção de ensaios

"Negotiating Illness Identity and Stigma" (Clark 15-79). Em "Loucura, mulher e representação", Silva estuda a auto-representação da loucura nas obras de duas escritoras brasileiras, contrastando sua positividade com a negativa representação da doença mental que predominaria na tradição literária brasileira.

[10] "Psychoanalysis as a form of therapy works by attending to the patient's side effects, what falls out of his pockets once he starts speaking" (xi).

[11] "Even though it is an abstract word, madness is an abstraction we can visualize, we can picture how it performs. Sanity doesn't quite come to life for us in the same way: it has no drama" (Phillips 2005, 4). (Embora seja uma palavra abstrata, a loucura é uma abstração que podemos visualizar, que podemos imaginar como funciona. A sanidade não se materializa da mesma forma: ela se encontra desprovida de drama.)

Referências Bibliográficas

Berlin, Richard M. *Poets on Prozac*. Baltimore: The Johns Hopkins UP, 2008.
Calvino, Italo. "Exatidão". *Seis propostas para o próximo milênio*. Trad. Ivo Barroso. São Paulo: Companhia das Letras, 1990. 69-94.
Caminero-Santangelo, Marta. *The Madwoman Can't Speak. Or Why Insanity Is Not Subversive*. Ithaca, NY: Cornell UP, 1998.
Caramagno, Thomas C. *The Flight of the Mind: Virginia Woolf's Art and Manic-Depressive Illness*. Berkeley: U of California P, 1992.
Clark, Hilary, ed. *Depression and Narrative: Telling the Dark*. Albany, NY: State U of New York P, 2008.
Conrad, Peter, and Joseph W. Schneider. *Deviance and Medicalization: From Badness to Sickness*. 1980. Columbus, OH: Merrill, 1985.
Diller, Lawrence H. *The Last Normal Child: Essays on the Intersection of Kids, Culture, and Psychiatric Drugs*. Westport, CT: Praeger, 2006.
Foucault, Michel. *História da loucura na Idade Clássica*. São Paulo: Perspectiva, 2008.
Gilbert, Sandra M., and Susan Gubar. *The Madwoman in the Attic. The Woman Writer and the Nineteenth-Century Literary Imagination*. New Haven: Yale UP, 1979.
Guimón, José. *Inequity and Madness: Psychosocial and Human Rights Issues*. New York: Kluwer, 2001.
Higgins, Edmund S. "The New Genetics of Mental Illness." *Scientific American Mind* 19.3 (2008): 40-47.
Horwitz, Allan V., and Jerome C. Wakefield. *The Loss of Sadness: How Psychiatry Transformed Normal Sorrow into Depressive Disorder*. New York: Oxford UP, 2007.
Kramer, Peter D. *Listening to Prozac*. London: Fourth Estate, 1994.

---. "What is Normal?" *Psychology Today* 42.6 (2009): 74-79.
Jamison, Kay Redfield. *Touched with Fire: Manic-Depressive Illness and the Artistic Temperament*. 1993. New York: Maxwell Macmillan, 1994.
Lane, Christopher. *Shyness: How Normal Behavior Became a Sickness*. New Haven: Yale UP, 2007.
Mowrer, Hobart, ed. *Morality and Mental Health*. Chicago: Rand McNally, 1967.
Phillips, Adam. *Going Sane*. New York: Harper Perennial, 2005.
---. Preface. *Side Effects*. New York: Harper Perennial, 2006. xii-xv.
Radden, Jennifer. *Madness and Reason*. London: George Allen & Unwin, 1985.
Ratey, John, and Catherine Johnson. "Out of the Shadow." *Psychology Today* 30.3 (1997): 46-80.
Saramago, José. *O conto da ilha desconhecida*. São Paulo: Companhia das Letras, 2004.
Sass, Louis A. *Madness and Modernism. Insanity in the Light of Modern Art, Literature, and Thought*. New York: Basic Books, 1992.
Saunders, Corinne, and Jane Macnaughton. *Madness and Creativity in Literature and Culture*. New York: Palgrave Macmillan, 2005.
Shorter, Edward. *Before Prozac: The Troubled History of Mood Disorders in Psychiatry*. New York: Oxford UP, 2009.
Silva, Gislene Maria Barral Lima Felipe da. "Loucura, mulher e representação: fronteiras da linguagem em Maura Lopes Cançado e Stela do Patrocínio". *Ver e imaginar o outro. Alteridade, desigualdade, violência na literatura brasileira contemporânea*. Ed. Regina Dalcastagnè. Vinhedo, SP: Horizonte, 2008. 153-66.
Sontag, Susan. "Artaud." Introdução. *Antonin Artaud: Selected Writings*. Ed. Susan Sontag. New York: Farrar, Straus and Giroux, 1976. xvii-lix.
Szasz, Thomas. "My Madness Saved Me." *The Madness and Marriage of Virginia Woolf*. New Brunswick, NJ: Transaction, 2006.
Thiher, Allen. *Revels in Madness. Insanity in Medicine and Literature*. Ann Arbor: The U of Michigan P, 1999.
Veit-Wild. Introduction. *Writing Madness. Borderlines of the Body in African Literature*. Oxford: James Currey, 2006. 1-6.
Yalom, Marilyn. *Maternity, Mortality, and the Literature of Madness*. University Park: Pennsylvania State UP, 1985.

Origins of Madness / Origens da Loucura

Madness and Gender in Buddhism[1]

Stephen C. Berkwitz
Missouri State University

Buddhist thought in ancient India and South Asia typically represented mental and emotional afflictions such as desire, envy, and ignorance as universal to all humans. Buddhists traditionally have given primacy to the mind for determining the moral content of one's actions and for the attainment of higher spiritual goals including nirvana. As a result, a great deal of Buddhist literature addresses the nature of mental states and the importance of gaining control over them. Generally speaking, the Buddhist practitioner is encouraged to cultivate wholesome mental states of selfless generosity, loving-kindness, and luminous wisdom that are conducive to one's moral development and progress along the path to nirvana. Meanwhile, unskillful mental states, including greed, ill-will, and delusion are to be eradicated. The moral content of one's actions and the future destiny that awaits her or him are, from a Buddhist perspective, heavily conditioned by the quality of one's mind. A pure, disciplined mind is valued for seeing things as they really are and for supporting one's efforts to eliminate suffering (*dukkha*) and to attain happiness (*sukkha*).

Given this proclivity for investigating and emphasizing the mind in Buddhist literature, it is somewhat surprising that comparatively little attention is given to the question of madness or a mind that has become deranged. The Theravada Buddhist tradition — as evidenced in this essay by Pali and Sinhala language texts — acknowledges that ignorance is an existential human problem for everyone who has not become awakened to the truths of the Buddha's teachings, that is, his Dharma. Indeed, in the fifth-century *Visuddhimagga* (Path of Purification), ignorance is said to be the "hub" of the wheel of the cycle of rebirth and defined as a lack of knowledge about the causes of suffering and the means to alleviate and end it (Nanamoli 193, 540). The Theravada tradition, which has its roots in ancient India and continues to flourish in Sri Lanka and Southeast Asia in the present, identified ignorance as a universal human flaw that must be overcome for those who seek to follow the Buddha's path and to gain better lives in the present and the future. In contrast, the treatment of madness in Buddhist texts is significant despite its particularity in terms of infrequent appearances in texts and in people. Madness stands out as a mental condition that is treated differently according to gender in the Buddhist tradition. Phrased differently, a look at madness in Buddhism reveals less about how the tradition views the mind than how it views the roles and capacities of women.

After considering some of the different types of madness mentioned in Buddhist literature, this essay will examine the story of Patacara, a woman who goes mad before becoming a Buddhist nun, in order to reflect upon the gendered particularities of madness in Buddhist literature. Unlike other mental conditions and imperfections that are usually discussed in universal terms in Buddhist texts, madness appears as an ailment that brings into focus the religion's views on the supposed needs and constraints associated specifically with women in earlier centuries. There is little doubt that these views are discriminatory and reflect male interests in structuring gender roles in society. This essay, however, will be more analytical than critical in its approach, given that an analysis must occur before an informed critique may be made.

Causes of Madness

The notion of madness generally lacks any systematic discussion in Buddhist literature. Different words are used to refer to madness in the texts. Pali terms such as *ummada*, *cittavikkhepa*, and *khittacitta* variously appear to indicate madness. Synonyms such as *viyaru*, *umatubava*, and *pissu* are used in the Sinhala language to denote madness or insanity. Whichever terms are used to describe madness in Buddhist texts, it is clear that they all refer to a condition of social alterity and extreme mental impairment. It is equally interesting to explore what Buddhist sources give as the causes of madness. Again, in the absence of any clear, systematic analysis of the reasons behind going mad, Buddhist texts offer brief allusions to what causes some people in general to lose their minds.

One such cause of madness appears to be fruitless speculation upon subjects that ordinary minds are unable to comprehend. The Buddhist tradition has a long history of distinguishing between the powers of minds like that of the Buddha, who was said to have been awakened and to have purified his mind of all defilements, and minds of ordinary, unenlightened human beings. In fact, some texts portray the Buddha as discouraging people from reflecting upon pointless questions such as whether the world is eternal or non-eternal and whether the Buddha exists after death or does not exist after death. He is said to have refused to answer certain questions because they were unrelated to the goal of enlightenment and liberation from the world of repeated births and deaths (Williams 35-38). But elsewhere, we are told that thinking about certain subjects that are ultimately incomprehensible gives rise to madness. One ancient Pali text explains that attempts to consider the scope of the Buddha's power, the scope of the trances of a meditator, the exact fruit of a particular action, and the nature of the physical world lead one to madness and vexation, and thus they should not be considered (Morris 80). It is implied that the understanding of such topics lies beyond the capacity of ordinary persons, and they will simply drive themselves mad if they seek to comprehend them.

Elsewhere, another ancient Pali text explains how madness may result in those persons who follow the incorrect path in hope of attaining liberation through asceticism. The

Mahasaccaka Sutta in *Majjhima Nikaya* contains remarks that are intended to illustrate how the religious strivings of other communities are fruitless and even harmful. One is led to conclude that the lack of mental and physical development in a religious seeker may lead to madness, particularly if there is an imbalance in training and practice. To develop either the mind or the body to the detriment of the other may lead one to be touched by painful feelings wherein "one will become paralyzed in the thighs, one's heart will burst, hot blood will rise up and out of the mouth, and one will arrive at madness and the derangement of mind" (Treckner 237-38). The text goes on to suggest that the inability to gain control over intense bodily and mental stimuli results in both painful and pleasurable thoughts that invade and take over one's mind. The clear message of this discourse is to develop one's mind and to follow the Buddha's "Middle Way" between sensual overindulgence and ascetic self-mortification. Straying too far over to one extreme or the other could thus be maddening.

Another cause of madness in Buddhist texts is an intense emotional experience. Extreme fear, for example, can cause an army of men to go mad and run off in all directions (Jayawickrama 213). But more pertinent to the present discussion, Buddhist texts suggest that overwhelming feelings of grief can turn a normally well-adjusted mind into a deranged one. One vivid example of how grief can drive one mad is seen in the Pali commentary to the story of Kisagotami, an ancient Buddhist nun to whom several verses are ascribed in the ancient text called the *Therigatha* (Verses of the Elder-Nuns). Therein, in brief, a poor woman named Kisagotami lost her young son and went mad out of grief for her child, carrying his small corpse around to ask for medicine from each household to restore him (Davids and Norman 88). Finally, the Buddha instructed her to go to each house and ask for a mustard seed from each family in which no one has died. As she searches for the ingredients for a cure, she eventually realizes that death touches all people and she regains her good sense. This story forms a popular tale frequently used by Sri Lankan Buddhists to remind themselves about the inevitability and universality of death. But it also represents the view that when extreme emotions go unchecked, madness may result.

The Story of Patacara

The story of Patacara, a young woman whose suffering and loss leads her to become a Buddhist nun, appears in several Pali and Sinhala texts from the Theravada tradition. Her name is mentioned in the canonical *Therigatha*, and five verses that are attributed to her appear in that text (Davids and Norman 182-83). However, the story of how she actually became a nun emerges first in the commentaries on the *Therigatha* and the *Dhammapada* (Verses of the Teaching). These narratives are subsequently elaborated upon in the late medieval Sinhala prose works called *Butsarana* (Refuge of the Buddha) and *Saddharmaratnavaliya* (Garland of Gems of the Good Teaching). These accounts are instructive for what they indicate about madness and gender. A summary of the basic outline of Patacara's story follows here.

The beautiful, young daughter of a wealthy merchant falls in love with a servant beneath her status and runs away with him into the forest. She marries him and performs household chores for the first time in her life. In time, she becomes pregnant and gives birth to a son while on the way back to her parents' home. She and her husband return to their dwelling. A few years later, she becomes pregnant again. Advanced in pregnancy, she convinces her husband and young son to accompany her to the home of her parents. On the way home, the family gets caught in a fierce storm. When her contractions start, her husband goes off in search for some branches and leaves to build a shelter from the rain. He stands on a large anthill to reach some branches, but disturbs a poisonous snake that slithers out of the anthill and bites the man, who dies on the spot.

Meanwhile, Patacara gives birth to a second son. The next morning, after the rains stop, she gathers her children and goes off to look for her missing husband. When she finds his dead body, she bemoans his fate and blames herself for his unfortunate death. Left without a husband, she decides to return to her parents' home with her newborn and her young son. She comes to a deep, swift river. She decides to leave her young son on one side, and she carries the newborn across. Leaving the baby on the further shore, as she makes her way back across the river, a hawk swoops down and picks up the baby for its meal. She frantically gestures at the hawk, which does not see her and which flies away with the newborn in its talons. Her other son, thinking his mother was gesturing at him, jumps into the river and is instantly carried away and drowns.

At this point, Patacara finds herself alone, without her husband and two children, all of whom have died. Distraught, she makes her way to her parents' city and asks about them from a man she meets on the road. He then informs her that her parents and brother were killed when the heavy rain from the previous night caused their house to collapse. It is at this moment in the narrative that Patacara loses her mind. The account of the *Butsarana* depicts this moment of madness in vivid terms.

> The grief from the death of a husband is enough for one heart to take. The grief from the death of each child is enough. The grief from the death of each parent is enough. The grief for one's sibling is enough. But the grief for all of these ones came to her heart at once. "My two sons died in the river! My husband died on the road! And my parents and brother have been left in the same cemetery!" Thus, while lamenting with great cries of sorrow, falling mad, tearing the clothes off her body and putting them around her neck, she wandered around aimlessly. As people remarked, "She has fallen mad," they began to hit her in the head with shit and dirt, and to pelt her with clods of earth and potshards. (Sorata 211)

At this point, the Buddha enters the story and is described as compassionately taking notice of Patacara's sorry plight. In a manner characteristic of many such Buddhist stories, the Buddha uses his extraordinary knowledge to recognize that the madwoman will become a nun and attain nirvana (Burlingame 221). Then, in a comment that draws attention to Patacara's helplessness, the Buddha states, "Is there any other refuge for her except for me?" (Sorata 211). He uses his psychic powers to draw her into the monastery where he sits in the middle of a large assembly. His disciples try to prevent a naked madwoman from approaching, but the Buddha permits her to come near. With a few words from the Buddha, Patacara regains her sense and crouches down out of shame and modesty for her appearance.

Once she is covered with a robe, Patacara asks for help and comfort from the Buddha. He responds by explaining that as long as she remains in the cycle of birth and death, she will weep tears for lost parents and others that will exceed the waters of the four oceans, and thus is better to devote oneself to monastic discipline and meditation (Obeyesekere 131). As the Buddhist tradition holds, the Buddha's speech instantly wipes away her grief and she attains a higher spiritual state. After she becomes a nun, she continues to practice the path until reaching nirvana following another sermon from the Buddha. Thus, the story of Patacara ends with the male Buddha heroically putting an end to a case of female madness and suffering.

The Madness of Women

This story of Patacara is typically interpreted as a lesson in the transitory nature of life and evidence of the Buddha's skill in alleviating the suffering of others. The various Pali and Sinhala versions are fairly consistent in the way they present the narrative as a tale of tremendous personal loss followed by an equally impressive spiritual transformation. However, if we choose to focus on the issue of Patacara's madness, we may arrive at some different conclusions about the significance of this story in terms of how gender is depicted and conceived.

In an important essay on female stereotypes in early Buddhist literature, Ria Kloppenborg points out that the verses ascribed to ancient nuns in the *Therigatha* reveal some views about women that were commonly held in ancient India. The dominant patriarchy of Indian society found it necessary to keep a woman under male control throughout her life, particularly with reference to guarding her sexuality and enforcing her adherence to social rules (Kloppenborg 151). Male control of women was legitimated not only by social convention but also in religious texts. The Hindu legal text called the *Manava-Dharmashastra* (Laws of Manu), codified sometime between the third and fifth centuries of the Common Era, contains a classic statement that speaks to ancient South Asian attitudes towards female autonomy. In the chapter on the "Law Concerning Husband and Wife," the text states:

> Day and night men should keep their women from acting independently; for, attached as they are to sensual pleasures, men should keep them under their control. Her father guards her in her childhood, her husband guards her in her youth, and her sons guard her in her old age; a woman is not qualified to act independently. (Olivelle 190)

Although this statement was not formally codified for several centuries after the *Therigatha*, it coincides roughly with the period when the commentaries presented their accounts of Patacara's life leading up to her ordination as a nun. Nor can it be thought that such an attitude was exclusive to Hindus. It is, moreover, consistent with the allusions found in the *Therigatha* that speak to the relief of the nuns to have been freed from their obligations to men as wives and mothers in society. Several verses attributed to the early Buddhist nuns speak ruefully of being reduced to servitude to ungrateful husbands, and the boundless joy of being liberated from these bonds after entering the nun's order (Harris 59-60).

Scholarship on Buddhist literature about women has thus demonstrated that evidence co-exists for patriarchal attitudes toward women and for the relative freedom of female renunciates. However, our examination of Patacara's madness reveals a new angle through which to view these issues of male authority and female liberation. Among the female stereotypes expressed in early Buddhist literature, we find claims that hold that a woman needs male protection and feels happiness when under male control (Kloppenborg 160). The story of Patacara appears to confirm these very attitudes about gender. For when she loses her husband, her sons, her father, and her brother, she finds herself untethered from male control. Her sudden freedom, not just her grief, becomes the source of her madness. Indeed, when she encounters the Buddha in her desperate condition, she states:

> O Most Revered Lord who helps all creatures, please help me. I have lost the husband who provided for me and am childless having lost the unfortunate children I bore. I have lost my parents and so have no support from them, have no siblings and so am bereft of kin support. (Obeyesekere 131)

These words found in the *Saddharmaratnavaliya* speak to a woman's terror of freedom. To be alone without men is not just a cause for sorrow, but it is also a cause of madness and fear. It is implied in the text that Patacara cannot support herself as an independent woman, even if she wanted to do so.

The question remains as to how we should interpret Patacara's madness. What are the causes behind her becoming deranged? And could a man be expected to have a similar reaction? Kloppenborg suggests in her essay that Patacara and other women are portrayed as having gone mad after losing their sons due to an excessive attachment to their children (Kloppenborg 162-63). This view finds some

Imagens da Loucura

support in the Buddhist tradition, which has identified attachment as a major cause for suffering. Because mothers are assumed to develop close, loving bonds with their sons, it stands to reason that the untimely death of a son would be enough to drive a woman mad. There is, however, another way to interpret Patacara's madness. Her story suggests that women go mad when they are suddenly freed from their bonds to men, when they lose the guidance of men and the opportunity to care for boys. The depiction of madness in women may thus express female dependence on men, a trope that also finds support in Buddhist texts. The above quotation from the *Saddharmaratnavaliya* suggests that Patacara's sorry condition is not simply the result of feeling attached to her loved ones. Instead, after the deaths of her closest family members, she is left without the "support" of her (male) kin.

Similarly, the *Butsarana* version of Patacara's story predictably emphasizes how she wishes that the Buddha would become a "support" (*pihita*) or a source of assistance to her (Sorata 212). Without her male family members, Patacara finds herself lost and in need, so it would seem, of male authority and guidance. Her grief from losing her family causes her to go mad. And yet we can also read the story as signaling that, for most women, to be left all alone would be a terrifying, even maddening proposition. The commentary on the *Therigatha* presents this same set of events in the narratives used to explain how other women came to join the order of Buddhist nuns. Like Patacara, the nun Vāsiṭṭhī is said to have become mentally deranged after the death of her son, and, as we have already seen, Kisagotami is said to have been brought to the edge of insanity after losing her own son (Kloppenborg 162-63). Of course, it is easy for a parent to imagine how heartbreaking it would be to lose one's own child. Indeed, it would be difficult to imagine anything more painful and unfortunate than that experience.

It is significant, however, that this image of madness as related to losing a child or other family members appears to be reserved specifically for women in Buddhist literature. One would be hard-pressed to find a similar instance where a man loses his mind at the loss of a loved one. Unlike several nuns in the *Therigatha* who go mad after losing their relatives, their male counterparts in the *Theragatha* (Verses of the Elder-Monks) do not mention grief and madness as the reasons for their decision to leave the worldly life behind. If anything, ties to one's loved ones are presented as an obstacle to the path to nirvana, an obstacle that must be pushed aside in the masculine search for liberation. The monk Candana phrased his experience in this way:

> Covered with silver (ornaments), attended by a crowd of servant women, taking her child upon her hip, my wife approached me.
> And seeing her coming, the mother of my child, adorned, well-dressed, like a snare of death spread out,
> The reasoned thinking arose in me; the peril became clear; disgust with the world was established.
> Then my mind was release(d); see the essential rightness of the doctrine. The three knowledges have been obtained, the Buddha's teaching has been done. (Norman 37)[2]

Much like the story of Siddhartha in the *Buddhacarita*, where the future Buddha resolves to leave home for the ascetic life after witnessing the transformation of the sleeping harem women from objects of beauty into snoring, drooling, and disheveled objects of revulsion, the monk Candana depicts his renunciation in terms of a voluntary decision to leave his family behind (Johnston 70-74). To the extent that this model is a familiar trope for male renunciation in Buddhism, it is disgust rather than madness that precipitates a man's decision to take up the monastic path. They do not renounce the world because they feel helpless and abandoned. They do not lose their minds because of losing a child or other relative.

Rather, they enjoy their independence and autonomy that give them the luxury of choosing to renounce.

In contrast, the women who are portrayed as losing their relatives and losing their minds have little or no choice. They are led to renounce once they are again brought under male control — this time, that of the Buddha and his Sangha, or monastic assembly. With the figure of Patacara, Buddhist texts have shown that she regains her sanity only after she is cared for by the Buddha and brought under his authority. She is taught by him not to feel attachment to one's relatives, as everyone will inevitably die. Equipped with this knowledge, Patacara asks to be ordained as a nun and effectively submits to a different kind of male control, one that is monastic rather than familial. It would appear that although she can abandon her attachment to loved ones and the life of a laywoman, she cannot live independently as a woman beyond male control. Of course, Patacara's desire to be ordained as a nun could simply be interpreted as the result of the persuasive power of the Buddha and his speech. However, it is significant that her madness appears once she is bereft of her male family members, and it disappears once she finds herself under the guidance of male monastics. True, her grief may have been dispelled by the words of the Buddha, but male control was also reestablished. Female madness in Buddhist literature appears to be triggered by more than just grief. It is ultimately rooted in the condition of finding oneself alone and independent of male authority and support.

The Subordination of Buddhist Nuns

This argument on the conditions of female madness in Buddhist literature may also offer a new method of interpreting the subordination of Buddhist nuns to the monks in the monastic hierarchy. The tradition recounts that the Buddha formally established the nuns' order only reluctantly. It is said that several years after the Buddha founded the order of monks, his stepmother Mahapajapati Gotami approached and asked him three times to be ordained. After receiving the Buddha's refusal, she returned with a contingent of five hundred noblewomen, each of them having shaved their heads and dressed in robes, to make her request again. After the Buddha's attendant Ananda lent support to their case by asking him if it was true that women were equally capable of reaching the highest attainments on the Buddhist path, the Buddha finally conceded to ordain the women as female monastics provided that they would accept the "Eight Special Rules" (*atthagarudhamma*). These rules basically legislate that all nuns must defer to all monks, and accept them as their ritual and authoritative superiors, even if they enjoy an advantage over the monks in terms of seniority or merit (Gyatso 91). Practically speaking, some of the rules specify that nuns must be ordained by a joint assembly of ordained nuns and monks (whereas monks are only ordained by other monks), nuns must confess their faults and transgressions to monks (but not the other way around), nuns may not admonish monks although the latter may admonish them, and nuns must show gestures of respect and humility to any monk, no matter how junior he is to them in terms of time spent as a monastic.

In recent years, scholars have offered a variety of different explanations to account for the Buddha's role in mandating an unequal status between nuns and monks. The tradition maintains that even after conceding to the women's request, the Buddha remarked that the ordination of the nuns would cause the religion to decline and eventually disappear more quickly than if women were not ordained. One theory posits that the Buddha was mindful of society's views of women, and thus he was reluctant to court controversy by founding an order of female renunciates. Another view holds that the Buddha would have been worried about the intermingling of monks and nuns for their respective requirements to remain celibate (Dhirasekera 141). Still others suggest that the entire story of the Buddha's reluctance to admit women and his efforts to subordinate them to male monastics is a later interpolation, based either on comparative textual analysis or on the difficulty of seeing the Buddha act in a chauvinist manner (Gethin 90-91). The problematic nature of the Buddha's attitude towards female ordination was evidently a problem even centuries earlier. For instance, the author of the thirteenth-century *Pujavaliya* depicted the Buddha as having objected to his stepmother's request for ordination since "many fools" will form bad opinions about the Buddha's message and will obtain miserable rebirths (Jnanavimala 549-50). This reasoning may not be very convincing to us, but it did provide a justification for the Buddha's actions based on compassionate rather than misogynistic grounds.

It may also be argued, however, that, based on the present readings of Buddhist narrative accounts of female madness, the institutional subordination of nuns to monks may also have been partly due to longstanding views about the absolute dependence of women upon men. Several stories of women who attained liberation as nuns also depict them as having been unable to function independently of men. Several nuns in the *Therigatha* celebrated their freedom from their obligations to their husbands and children, but their liberation from male control was not absolute. Having been ordained according to the rules governing the conduct of Buddhist nuns, they still received guidance and tutelage from monks. Monks were charged by the Buddha to instruct the nuns in the performance of important rituals and in the meting out of punishments to other nuns (Dhirasekera 143). The appearance of such institutional rules for the Sangha reinforces the idea that early South Asian Buddhists believed that all women — even nuns — required male control and authority to function properly.

The accounts of Patacara's madness are suggestive of some early Buddhist attitudes towards the limited agency of women and their dependent relations to men. The Buddhist tradition has implied that men and women go mad for different reasons. Men go mad due to improper training or speculation on things that cannot be known. But women go mad because they feel intense grief and dislocation after having lost their connections to their husbands and sons. The stories of Patacara, Kisagotami, and other women who are led by the Buddha to transcend their madness have happy endings as their sense is restored and their attainment of high religious goals is complete. But such stories may also be read as discourses that limit the autonomy of women and that make it necessary to subordinate all women — both laywomen and nuns — to the supposed comfort and support of their relationships to men.

Notes

[1] For the sake of clarity, the use of the term "Buddhism" and "Buddhist" in this essay will refer specifically to the Theravada tradition, which was rooted in ancient India before developing its texts and practices more fully in Sri Lanka and later in mainland Southeast Asia. Similar investigations into madness in other Buddhist traditions and cultural regions would be fruitful, but they are beyond the scope of this work.

[2] Cf. the story of Anuruddha, who leaves his family behind since they obstruct his meditation and search for liberation (Norman 89).

Works Cited

Burlingame, E. W., trans. *A Treasury of Buddhist Stories: From the Dhammapada Commentary*. Revised by Bhikkhu Khantipalo. Kandy, Sri Lanka: Buddhist Publication Society, 1996.

Davids, C. A. F. Rhys, and K. R. Norman, trans. *Poems of Early Buddhist Nuns (Therigatha)*. Oxford: Pali Text Society, 1997.

Dhirasekera, Jotiya. *Buddhist Monastic Discipline: A Study of Its Origin and Development in Relation to the Sutta and Vinaya Pitakas*. Colombo, Sri Lanka: Ministry of Higher Education, 1982.

Gyatso, Janet. "One Plus One Makes Three: Buddhist Gender, Monasticism, and the Law of the Non-Excluded Middle." *History of Religions* 43.2 (2003): 89-115.

Harris, Elizabeth J. "The Female in Buddhism." *Buddhist Women Across Cultures: Realizations*. Ed. Karma Lekshe Tsomo. Albany, NY: State U of New York P, 1999. 49-65.

Jayawickrama, N. A., ed. and trans. *The Chronicle of the Thupa and the Thupavamsa*. London: Luzac & Company, 1971.

Jnanavimala, Kirialle, ed. *Sitiyaṃ sahita Pujavaliya*. Colombo, Sri Lanka: M. D. Gunasena, 1986.

Johnston, E. H., ed. and trans. *Ashvaghosa's Buddhacarita: Or Acts of the Buddha*. 1936. New Delhi: Munshiram Manoharlal, 1995.

Kloppenborg, Ria. "Female Stereotypes in Early Buddhism: The Women of the Therigatha." *Female Stereotypes in Religious Traditions*. Eds. Ria Kloppenborg and Wouter J. Hanegraff. Leiden: E. J. Brill, 1995. 151-69.

Morris, Richard, ed. *Anguttara-Nikaya*. Part II. Oxford: Pali Text Society, 1995.

Nanamoli, Bhikkhu, trans. *The Path of Purification (Visuddhimagga)*. Kandy, Sri Lanka: Buddhist Publication Society, 1991.

Norman, K. R., trans. *Poems of Early Buddhist Monks (Theragatha)*. Oxford: Pali Text Society, 1997.

Obeyesekere, Ranjini, trans. *Portraits of Buddhist Women: Stories from the Saddharmaratnavaliya*. Albany, NY: State U of New York P, 2001.

Olivelle, Patrick, ed. and trans. *Manu's Code of Law: A Critical Edition and Translation of the* Manava-Dharmashastra. Oxford: Oxford UP, 2005.

Sorata, Velivitye, ed. *Amrtavaha nam vu Butsarana*. Galkisse, Sri Lanka: Abhaya Prakashakayo, 1966.

Treckner, V., ed. *Majjhima-Nikaya*. Vol. I. Oxford: Pali Text Society, 1993.

Williams, Paul. *Buddhist Thought: A Complete Introduction to the Indian Tradition*. London: Routledge, 2000.

Hereditary Madness and (Anti)Genealogical Treatment in Moacyr Scliar's *The Strange Nation of Rafael Mendes*

Jason Jolley
Missouri State University

Hereditary predisposition, predetermined for the patient from birth, frustrates all our efforts by the strength of its position.
— Sigmund Freud, "Heredity and the Aetiology of the Neuroses"

We evolve and die more from our polymorphous flus than from hereditary diseases, or diseases that have their own line of descent. The rhizome is an anti-genealogy.
— Deleuze and Guattari, *A Thousand Plateaus*

Moacyr Scliar's 1986 novel *The Strange Nation of Rafael Mendes* has not one protagonist but many, a multitude of ancestors and descendants who bequeath and inherit a name, a religion, a sense of destiny, and a peculiar existential perplexity as they echo one another's experiences throughout history. Roberto González Echevarría has pointed out that genealogy is a "fundamental element" of modern Latin American literature (158), and Scliar's foregrounding of genealogy in *The Strange Nation* is certainly comparable to García Márquez's hyperbolic multiplication of Buendías in *One Hundred Years of Solitude* (1967) or the ancestor worship that characterizes much of Borges's poetry and short fiction. Indeed, family history is an explicit concern of Scliar's text, since the bulk of the novel purports to be a collection of "genealogical stories" inspired by painstaking research carried out by a genealogist on behalf of the penultimate Rafael Mendes, or Dr. Rafael, the mysteriously absent father, whom the text's final Rafael has fortuitously been given the opportunity to encounter, if only through his journals.[1] This textual journey of family history and self-discovery incorporates numerous other themes, including the history of the Jewish "Nation" since Jonah, Brazilian social and political history, religious persecution, the values of contemporary Brazilian society, the tension between socialist utopianism and exploitative capitalism, the search for personal identity, and the nature of madness. But in Scliar's text, these important concerns, as well as the discourses evoked by their narration (the historical, the religious, the psychological, etc.) really function as outgrowths or mutated iterations of the text's primary obsession with the rhetoric of genealogy, its metaphorical iconography of roots and branches, and its hereditary logic.

Beyond the perplexity posited as a trait shared or, more accurately, inherited not only by the Mendeses but also by their companions from The Nation (Marranos and other Jews of the Diaspora), the text makes numerous allusions to obsessions, psychological traumas, nightmarish hallucinations, mental instabilities, and outright bouts of madness. Consistent with the novel's genealogical focus, where everything is literally interrelated, these tendencies or symptoms — generally viewed by society and clinicians alike as undesirable and worthy of psychotherapy — are cast as hereditary conditions, unavoidable consequences of having a particular lineage. In addition to making such implicit and explicit connections between genealogy and the hereditary nature of madness and related psychological symptoms, Scliar's novel casts the exposure to genealogical knowledge — in effect, learning about one's ancestors and family history — as a form of narrative therapy akin to psychoanalysis. In this study I offer a reading of *The Strange Nation* that explores the novel's internal logic of hereditary madness and analyzes its particular approach to family history and genealogical discourse. Given the conflation of the discourses of genealogy and psychoanalysis that the novel reinforces on several levels, my study also explores the psychological ramifications of an approach to genealogy that seems to be at odds with the stabilizing influence attributed to conventional forms of family history, including, most notably, the Hebrew genealogical tradition.

Although the influence of genetic factors on the development of mental illness continues to be debated by researchers, the notion that family history predisposes one to specific forms of madness is prevalent, thanks to fictionalized treatments of insanity in everything from television detective series to bestselling novels.[2] Although Freud himself was unsure of the exact role of heredity in the etiology of the neuroses and psychoses he studied and documented, he seemed convinced that what he termed "neurotic heredity" was "indispensable in serious cases" (154). Expert opinions aside, the novel begins with its own meditation on the consequences of heredity as Scliar's protagonist, the last Rafael Mendes, is confronted with images and events that remind him of his own childhood "traumas," including the upsetting news that his daughter, Suzana, has been out all night. In contrast to his wife Helena's hysterical reaction, Rafael, who seems well versed in pop psychology, calmly considers whether Suzana's having witnessed a sex act between her parents at a very young age may be to blame for her recent spell of erratic and defiant behavior (25). This pseudo-Freudian interpretation is quickly supplanted in Rafael's mind, however, by a hypothesis rooted in the family's genealogy: "Could it be that Suzana inherited something of her grandfather's character, a predisposition to sudden instability? Could this be something genetic, inevitable?" (27). Indeed, Rafael is quick to extend his theory of genealogical trauma even further into the past:

> And on his father — what kind of trauma did Rafael inflict? It would be more logical to think that it was Rafael's father who had inflicted a trauma upon Rafael as a result of a trauma his grandfather had inflicted on his father, and so on and so forth from generation to

generation; a distressing picture it is, but isn't this just like the history of humanity? (27)

Rafael's seemingly casual comparison between family history and human history here prefigures the alignment of various types of histories — religious and national, for example — to the patterns of the novel's treatment of genealogy. Rafael's concern that mental instability might run in his family intensifies later that morning when, upon reading a notebook sent to him by his father's genealogist, he recalls a client who remembered Dr. Rafael as kind but "eccentric." At this point, Rafael is inclined to fear the worst about his most immediate ancestor: "Yes, but what does she mean by *eccentric*? That Dr. Rafael was crazy?" (40). The possibility of a type of hereditary predisposition to madness suggested in what is essentially the novel's frame tale will be echoed many times over as Rafael reads the stories of his ancestors contained in his father's notebooks.

The materials Rafael has received that same morning from the genealogist claiming to know his father include an invitation to visit and learn more as well as a leaflet promoting the genealogist's services. Despite comparing genealogical research to various occult "sciences" — chiromancy, graphology, astrology, phrenology, telepathy, etc. — the leaflet claims that "[g]enealogy is a positive science" capable of providing a sure, inter-generational foundation for self-understanding: "Who was your father? Who was your grandfather? Our ancestors determine our fate — the living will always be, and increasingly so, governed by the dead" (45). Intent on finding answers to his questions about his father, Rafael decides to seek out the genealogist, who calls himself Professor Samar-Kand. It is in this initial meeting with the aged family historian, who clearly functions as an embodied metaphor for genealogical discourse, that the dual nature of family history as madness and treatment is first made manifest. The genealogist is described in terms that conjure up an image of an old man suffering from some form of dementia, what Deleuze and Guattari may have in mind when they use the term "genealogist-madman" (*Anti-Oedipus* 78). Professor Samar-Kand's nonstop chatter alternates between lucid rationality and seemingly contradictory gibberish, and Rafael's first impression of him is that he is sincere and "genuine, whether madman or con artist" (65). The connection between genealogy and psychotherapy, as well as the notion that genealogy is assigned a therapeutic role within the novel's logic, is reinforced not only by Rafael's dual motivation — he seeks out the genealogist to obtain information about a relative and to fill in certain lacunae in his own sense of identity — but also by Professor Samar-Kand's affirmation that he is amply qualified to attend to questions of mental health: "I am a psychologist, a parapsychologist, and a physiopsychologist" (62). Accordingly, the visit bears traces of a therapy session, including a moment in which Rafael breaks down into tears upon confiding to his newfound genealogist-therapist his desire to know more about the man who deserted him as a child (64). Quite literally, the course of therapy recommended by Professor Samar-Kand is to get to know his father and other, more distant ancestors through genealogical research, which, in Rafael's case, has already been completed and made available in the form of two notebooks authored by his father, also an avid historian and genealogist. The first notebook, entitled "Genealogical Stories," consists of accounts of various Mendes ancestors (most of whom are also named Rafael Mendes) going back to the Biblical prophet Jonah. The second is an autobiographical text containing material that the genealogist claims to be "valuable in general, and valuable in particular to a son" (65).

In addition to discovering that all of his ancestors were Jews or New Christians that maintained their religious traditions despite the constant vigilance of the Inquisition, Rafael's readings of the notebooks reveal that many of them witnessed and even played influential roles in key events in Brazil's history, including the discovery of the New World, the Dutch occupation of Pernambuco, the Tiradentes conspiracy, and the Farrapos War. A motif that surfaces in each of the disparate tales of the Mendes ancestors and descendants is the idea that certain traits are inherited and passed down through the generations. The most ubiquitous of these is a general sense of perplexity, which functions as an indicator that an individual is part of The Nation, and possibly a direct Mendes ancestor as well. In this regard, the text reveals Maimonides, the famous twelfth-century physician and philosopher, a Spanish-born Jew and author of *The Guide for the Perplexed*, to be one of the earliest Mendes forbearers. Generations later, a sixteenth-century Rafael Mendes, the first to arrive in Brazil, informs his wife that like all Mendeses, the couple is "condemned to perplexity" (134). Likewise, in his autobiographical narrative, Rafael's father makes several, more self-conscious references to his own perplexity, and as Rafael completes his reading of the first notebook he is somewhat frustrated to realize that he "remains just as perplexed as before" (195).

While perplexity is the most obvious manifestation of the novel's hereditary logic, the notebooks also suggest that madness or symptoms of mental instability also affect generations of the Mendes lineage — not to mention other members of The Nation with whom they come into contact — with some regularity. Like the perplexity motif, the legend of the Gold Tree is introduced early in the novel, and reappears throughout almost all of the generations of the Mendes line. The Gold Tree motif is significant for two reasons: (1) it functions as an obvious emblem of genealogy in general and of traditional or Biblical genealogy in particular, inasmuch as the text links it to the trees of the Garden of Eden which figure so prominently in the Hebrew story of the origins of mankind, and (2) as a collective, inherited obsession, it reinforces the hereditary nature of madness posited by the novel, motivating the constant uprootings and migrations that make the Mendeses a nomadic clan. The story of the earliest identifiable Mendes ancestor, the prophet Jonah, introduces the first of dozens of references to the Mendes family's obsessive search for the Gold Tree and also makes the connection between the myth and madness explicit. Convinced that Jehovah has forsaken him after his mission to Nineveh, Jonah deliriously mistakes a shade tree provided by divine intervention for a more lucrative payoff: "He began to rave *like a madman*: 'It's the Gold Tree! I've found the Gold Tree!'" (83; my emphasis).

Not all of the Mendeses will pursue the Gold Tree to the point of losing their minds, but the text provides plenty of additional signs that madness comes with being a Mendes. In some cases, these are left to the reader to discern; in others, the topic of madness is openly addressed by the narrator or by the characters themselves. In the case of Maimonides, for example, the reader glimpses behavioral red flags, such as when the physician resorts to treating imaginary patients because the sultan Saladin refuses regular check-ups (101). Later, while fighting off depression during a cholera outbreak, Maimonides undertakes to write a treatise on the disease but ends up burning the manuscript in despair, after which the narrator observes that "his state of mind deteriorates quickly" (103). When the sultan comes down with signs of the disease, the physician struggles with the diagnosis even as he self-consciously questions his faculties: "Relax, Maimonides murmurs to himself, stop acting like a madman; think, damn it, think" (104). Just before the sultan dies, both he and Maimonides present another symptom often associated with the deranged — involuntary laughter in the face of misfortune: "The two of them laugh and laugh, delightedly, unrestrainedly; Maimonides laughs so hard that he rolls on the couch; and there he remains, panting, lying alongside Saladin" (106). Other Mendeses, or their companions from The Nation, will echo this tendency in subsequent generations. When Afonso Sanches and one of the first Rafael Mendeses are imprisoned by the Inquisition, Afonso's accusation that Rafael awakens him with fits of laughter following their grueling torture sessions leads to speculation that one or both of them may be insane. Rafael cannot remember having laughed, but concedes, "Believe me, Afonso! I admit I laughed, but I have no idea why. Perhaps it's weakness [...] or madness" (123). They are probably both crazy, reasons Rafael; after all "It's not the first case: Many have lost their minds in the dungeons of the Inquisition" (122). When another Rafael Mendes meets Christopher Columbus and is invited to join his expedition as a cartographer, the diagnosis, as delivered by his own father, is more to the point: "'Madness,' said the calligrapher Mendes. [...] 'You're crazy, young man, completely crazy'" (114).

Other symptoms of mental illness that befall some of the Mendeses include hallucinations, fits of delirium, and nightmares. The Rafael Mendes who befriends and advises Tiradentes is overcome with hallucinatory delirium during the rebel's final days as is Dr. Rafael, who dies during his voyage to Spain in pursuit of Débora, an unresolved love interest from his days in medical school. In his own autobiographical notebook, Débora appears to be emblematic of both desire and madness. At one point during medical school, Débora asks her enamored classmate, "Am I crazy, Rafael? Tell me, do you think I'm crazy?" Although Rafael hesitates, a study partner is quick to offer up an opinion: "She's daffy, Rafael, nutty as a fruitcake" (209). Not only does Débora express interest in the emerging field of psychoanalysis, she is also drawn to "mental patients" and demonstrates obsessional tendencies with regard to her work as a medical researcher, behaviors which eventually lead a former professor to question her sanity: "In her case, we shouldn't exclude a psychiatric problem" (211, 251). Given such a profile, then, Dr. Rafael's uncontrollable urge to pursue Débora could be interpreted as a sort of fatal attraction — not just to Débora, but to the madness she represents. This might explain, given the novel's hereditary logic, the fact that Rafael finds himself married to Helena, a woman characterized more than once as "hysterical" and given to fits of crying and anxiety despite consulting multiple psychologists (10). Also significant is the fact that the apparent breakdown of Rafael's father is punctuated by references to his genealogical past: "Doctor Rafael was often delirious, when he would talk about things which made no sense to bystanders, such as, the eyes of the prophet, the Inquisition, caravels, the head of Tiradentes" (259). For Rafael the son, who has often experienced terrifying but inexplicable nightmares replete with mysterious images tinged with a historical aura, the familiar ring of this description of his father's delirium can only mean one thing: he has also likely inherited the Mendes' susceptibility to madness.

At first glance, the idea that genealogy might function as a form of therapy, that knowledge of family history can provide a basis for self-understanding, seems almost antithetical to *The Strange Nation*'s clear portrayal of madness or mental instability as hereditary conditions to which the Mendeses and their companions from The Nation, by virtue of their overlapping lineages, are particularly prone. But such a judgment depends on traditional and overly simplistic definitions of and attitudes toward both genealogy and madness. For example, Stephen Sayers is clearly referring to an idealized, traditional form of genealogy whose truth value is assumed to be beyond question when he writes that "the psychological significance of genealogy in western societies lies in its capacity to inspire personal identities and to moderate the exigencies of everyday life, as well as in its provision of the grounds of orientation to both the social and the internal worlds" (163). Nevertheless, upon finishing his reading of both notebooks he has received from the genealogist, a somewhat frustrated Rafael initially feels that he has wasted his time and that his search for answers has yielded only uncertainty and negative results:

> The genealogist had tried to convince him that it was something good [...] but what is the good of being the descendant of a prophet, of an illustrious physician? Actually, judging from his father's description of them,

they were weirdos; perplexed creatures. They didn't pass on to him any values, whether material or moral; nor the secret — well, the legend, yes — of the Gold Tree; nor any ennobling instances that he in turn could pass on to his daughter [...] or to his grandchildren. (277)

Such reactions reflect not only a traditional understanding of genealogy but also a prejudicial view of madness, whose symptoms Rafael is loath to inherit. Within a few hours, however, Rafael will undergo an epiphanic transformation that leads him to embrace a more positive interpretation of his family history, a perspective that I will show to be more in line with a closer reading of the notebooks by answering two key questions: How does the text ultimately cast genealogy and genealogical discourse, and what impact does its treatment of family history have on the issue of hereditary madness? Answering these questions and deciding whether Rafael's exposure to his genealogy ultimately holds any value as a treatment strategy requires a closer analysis of the relationships the text proposes between genealogy and madness as well as a problematization of both concepts.

In the discussion that follows I distinguish between two broad but opposing conceptions of genealogy: conventional or traditional genealogy on the one hand and what might be called alternative or theoretical genealogies on the other. I use the term "theoretical" for the second class only because its iterations are products of overtly theoretical texts, mostly from the late twentieth century. Both conventional and alternative genealogies have theoretical potential in the sense that both are highly ideological forms of discourse, as Goldie Morgentaler points out: "Genealogies, then, despite the seeming lack of imaginative scope permitted by long, dry lists of family names, actually carry a pronounced ideological punch, and as such have metaphoric uses when adapted to fiction" (28). Under its heading for *Genealogy* the *Oxford English Dictionary* provides a succinct definition of the traditional or conventional variant: "An account of one's descent from an ancestor or ancestors, by enumeration of the intermediate persons; a pedigree" (429). This definition treats genealogy as an activity or final product but provides no indication as to the ideological assumptions underlying traditional genealogical research, those characteristics that, consciously or not, motivate its practitioners. At its essence, traditional genealogy involves the use of historical and even scientific research methods to document legitimate connections between some illustrious ancestor and his descendants, usually for the purpose of preserving or securing some kind of benefit. The common concerns of conventional forms of genealogy are a will to and faith in historical truth and long-term memory; confidence in the notion of origins as knowable sources of truth, honor, prestige, and privilege; appeals to notions such as pure bloodlines and legitimacy to justify or maintain legal rights or societal status; and a narrative logic and metaphoric iconography that privilege linearity and causal relationships. Biblical or Hebrew genealogy, with its unquestioned faith in grandiose familial origins and its supposedly unbroken chain of patriarchal descent, has been cited as a prime example, if not the founding paradigm, of traditional genealogy's structure and accompanying ideological assumptions (Morgentaler 27-29).[3] The parallel development of traditional genealogy and Jewish history is particularly relevant to an analysis of a genealogical novel populated by Jewish characters and written by a self-proclaimed Jewish author.[4] In ideological terms, the use of conventional genealogy often equates with the assertion that painstaking research of a family's genealogical past has produced an objective record whose truth value, much like the Biblical genealogies, should not be questioned and that since individual family members descend from a prestigious ancestor they are justly entitled to the legal rights and societal privileges they enjoy. As the universal icon of traditional genealogy, the genealogical tree, suggestive of man's origins in Eden, longevity, stability, and fruitful branches sprouting from a single trunk supported by deep roots, synthesizes the ideological assumptions of this modality. Conventional genealogy bestows meaning on the lives of individuals by signaling their place within a larger, interconnected narrative context and sequence. According to Sayers, "The experience of being rooted in unchanging historical grounds can provide a bulwark against a fragmented and unpredictable social world" (162).

In opposition to the task of reconstructing a faithful and legitimate line of descent from a distant origin stand those approaches to genealogy that could be classified as alternative or theoretical. As we have seen, Hebrew culture is the primary influence behind the traditional conceptions of heredity and genealogy. But classical myths and ancient folk traditions, which prefer sexual unions between humans, animals, and supernatural beings or creatures as well as magical metamorphoses to explain the dynamics of heredity, have provided alternative explanations of human development for centuries. Opposed to the monotheistic Hebrew view that ties heredity to a linear conception of time modeled on the successive reproduction of familial generations, the "individualistic" classical tradition, with its "circular and regenerative" timeframe, is "informed by a pantheistic and animistic worldview, is polymorphous, fluid, and multiple, recognizing no boundaries of time or of substance, and no distinction between the living and the inanimate" (Morgentaler 31). Such characteristics anticipate and complement those arising from modern and postmodern revisions of traditional genealogy. For all practical purposes, we can point to Nietzsche's critique of the notion of origins in his preface to *On the Genealogy of Morals* as a sort of "beginning" — a term subsequent theorists prefer to "origins" — of a series of critiques of the premises, practices, and ideologies of traditional genealogy.[5] Nietzsche is harshly critical of the idea that the origins of complex phenomena, such as morality, provide authoritative interpretations or can even be recovered when he equates origin-seeking to "gazing around haphazardly in the blue after the English fashion" (21). Rather than rejecting the notion of origins altogether, Nietzsche promotes a painstaking investigative process that demystifies them and calls into question the absolute meaning or truth-value that their remoteness supposedly puts beyond scrutiny. Foucault echoes and further problematizes this Nietzschean perspective on genealogy: "Genealogy is gray, meticulous, and patiently documentary. It operates on a field of entangled and confused parchments, on documents that have been scratched over and recopied many times" (130). In Foucault's conception, the notion of primordial origins is judged to be extremely suspect for the true genealogist:

> If the genealogist refuses to extend his faith in metaphysics, if he listens to history, he finds that there is "something altogether different" behind things: not a timeless and essential secret, but the secret that they have no essence or that their essence was fabricated in a piecemeal fashion from alien forms. (142)

"What is found at the historical beginning of things," Foucault observes, "is not the inviolable identity of their origins; it is the dissention of other things. It is disparity" (142). Madan Sarup observes that for Foucault "[g]enealogies focus on local, discontinuous, disqualified, illegitimate knowledges against the claims of a unitary body of theory which would filter, hierarchize and order them in the name of some true knowledge" (59).

The influence of Foucault and other post-structuralist thinkers has also contributed to a deconstruction of the principal metaphor of traditional genealogy. According to Gian Balsamo, who critiques the structural purity of what he calls "orthodox" or "epic" genealogy,

> [o]ne must engage genealogy as a *construct*, whose contrived architecture is best exemplified in the trope of the genealogical tree: a modular assemblage of legitimate filiations, a treelike structure, whose

ramifications, apparently all-inclusive, hide the intricacy
of exclusion, discrimination, and abusive graftings. (17)

Although Balsamo's rationale and language clearly bear Foucaultian and Derridian traces, his critique of the tree metaphor is more in line with Deleuze and Guattari's assault on what they call "arborescent" thought. In the opening chapter of *A Thousand Plateaus: Capitalism and Schizophrenia*, Deleuze and Guattari lament the tyranny of the "tree logic" whose structure determines the development of practically all domains of human understanding: "We're tired of trees. We should stop believing in trees, roots, and radicals. They have made us suffer too much" (15). In their view, arborescent systems undermine understanding because the metaphor they are based upon is hopelessly inadequate: "The tree and the root inspire a sad image of thought that is forever imitating the multiple on the basis of a centered or segmented higher unity" (*A Thousand Plateaus* 16). Deleuze and Guattari propose the rhizome as a more appropriate image of a world that "has become chaos [...] radical-chaosmos rather than root-cosmos" (6). They point to examples from nature, such as swarming bees, burrowing rats, potatoes and crabgrass as manifestations of the random, anti-structural relatedness characteristic of rhizomes (6-7). In contrast to the tree model, the rhizome "is an acentered, nonhierarchical, nonsignifying system without a General and without an organizing memory or central automation" (21). Deleuze and Guattari have already made explicit their aversion to tree logic when they state dryly that "[t]here is always something genealogical about a tree" (8). Clearly, among the key targets of their rant against tree logic are the ideological premises reflected in the structures and strategies of traditional genealogical rhetoric and practice, a point made even more explicit by their claim that "[t]he rhizome is an antigenealogy. It is a short-term memory, or antimemory. The rhizome operates by variation, expansion, conquest, capture, offshoots" (21). It is important to note that these antigenealogical, rhizomatic features constitute one of the many "plateaus" in Deleuze and Guattari's radical, anti-psychiatry campaign aimed at liberating forms of madness, most notably schizophrenia, from what they see as the tyranny of the Oedipus complex and Freudian treatment strategies (22). In terms of ideology, alternative genealogies or "antigenealogies" — to appropriate and broaden Deleuze and Guattari's term — stand in contrast to the premises of traditional genealogy in that they question the supremacy of remote origins as guarantors of truth and legitimacy; they value local, discontinuous, and politically situated forms of historiography; they privilege multiple, arbitrary, and provisional linkages, horizontal flows, illegitimacy and alliances, unpredictability, memory loss, borderless movements (i.e., nomadism, emigration, diaspora) and irrationality; and they reject the rigid structure, symbolism, and logic of the genealogical tree in favor of organic metaphors that are more complex, protean, and subterranean.

As the examples and analysis that follow will show, despite activating a certain tension between the approaches to genealogy that we have just defined as conventional and alternative, *The Strange Nation* makes only superficial, almost parodic references to the former while manifesting a sustained and more imaginative proclivity for the latter. Even in the first section of the novel, which occurs in the present for Rafael, before the stories of his ancestors and the autobiography of his father dominate our attention, genealogy emerges as a key concern. Following his genealogical musings on the origins of Suzana's rebelliousness cited above and prior to his contact with the elderly genealogist, Rafael's reflections introduce us to two other genealogy-obsessed individuals. The first of these is the man that operates the elevator at the finance company where Rafael is a vice president. The narrator's synopsis of the man's family history emphasizes traditional functions, such as ancestor glorification, the pairing of family and national history, and the idea of incremental, generational progress:

Imagens da Loucura

He's a black man. Whenever he talks, he talks about his ancestors — one of his favorite topics, by the way — he remarks that many of them were slaves. He mentions Palmares, a hideout for runaway slaves in the seventeenth century, and recalls his grandmother eulogizing the Lei Áurea, the law that abolished slavery in Brazil. His grandfather worked in the fields from sunrise to sunset, but now he operates an elevator. (32)

A second, more significant genealogical portrait involves Rafael's boss and longtime friend, Boris Goldbaum. Genealogy in the traditional, identity-affirming sense is extremely important to Boris, who, like his ancestors, is prone to manipulate it to his own advantage. His last name is, of course, a reference to the legend of the Gold Tree, the symbol of wealth he has astutely adopted as the emblem for his finance company. We are told that "the family name Goldbaum was adopted by Boris's great-grandfather in Europe under the conviction that a name or a family name can condition one's destiny" (34). Boris invests much of his considerable wealth in genealogical research in an effort to prove that he is descended from what he sees as the first family of Jewish financiers, the Rothschilds, of German origin (35). This obsessive campaign represents a caricatured version of the premises and motivations behind traditional genealogical research — the search for legitimacy and honor in a remote and prestigious origin, the hereditary claim on beneficial resources and talents, etc. At several points in the novel, other characters make casual comments that reveal their bias for traditional genealogical values, in particular the importance of being a member of an illustrious family. Dr. Rafael's father-in-law criticizes his unwavering faith in Débora's abilities as a physician by pointing out that "[s]he comes from a rootless family, they have no self-respect, no dignity, nothing. But you, Rafael, you come from a good family" (239). At the end of the novel a friend of the late Dr. Rafael tells his ailing son that "all the Mendeses were refined people, such an illustrious, traditional family" (293). Such references to traditional genealogical values serve not only to underscore the centrality of genealogy to Scliar's novel but also to parody the ubiquitous and influential status that notions of pedigree continue to enjoy in contemporary Brazilian society. Accordingly, the truth value and any of the other positive virtues of traditional genealogy are discredited when Boris, who is ultimately revealed to be a shallow and cowardly individual, confirms that the miniature Gold Tree housed in a shrine in his office is in fact a fake, meant only to intrigue potential investors.

Several of the tendencies Deleuze and Guattari identify as rhizomatic or antigenealogical are reflected in the novel's treatment of the ever-entwined and mutually dependent discourses of genealogy and historiography, which operate on three equally interconnected levels — those of the Mendes family, the Jewish Nation, and Brazilian society. Primary among these are the discontinuity of the genealogical-historical chain (the disjunctions of its flow); the privileging of short-term memory; its secretive, subterranean nature; and its proclivity for nomadic movement — not to mention its penchant for irrationality or madness, which we have already documented. In contrast to the ideal of traditional genealogy, which seeks to document the links between each generation, the Mendes genealogy and, by analogy, aspects of Jewish and Brazilian history, are presented as unconnected strands separated in some instances by centuries. In sweeping assertions such as "his children, grandchildren, and great-grandchildren lived in Spain [...] first under the rule of the Romans, then of the Visigoths, and later of the Moors" the novel's insistent connection between genealogy and historiography is reinforced, but even minimal documentary evidence linking the generations is missing, detracting from its potential truth value even as it makes for more engaging fiction (94). Conventional family history is facilitated by long-term memory, aided by the transmission of anecdotes, relics, and documents from one generation to the next, but Rafael is emblematic of another antigenealogical tendency of the disjunctive Mendes ancestry in that "he hardly remembers anything from his childhood. [...] It's as if he were looking through the past through opaque glass. Shadowy forms, nothing but shadowy forms" (38). When Rafael's father turns from a general fascination for history to the task of writing his family history, he defines himself as a member of a traditional, Catholic family with "deep roots" in Rio Grande do Sul (199). However, although he knows of his father and grandfather, he has no oral or written family history to aid in his recovery of earlier generations: "As for the distant roots, no one had ever talked to me about the New Christians, or the Inquisition, or the Essenes, or the Prophets — or the Gold Tree" (199). It is clear from references in the first genealogical notebook that such lacunae in the intergenerational memory of the Mendeses are due in part to the family's necessity to conceal its identity and heritage in the face of the constant threat of persecution by agents of the Inquisition to anyone openly flaunting Jewish ancestry or traditions on the Iberian Peninsula or in colonial Brazil. According to Dr. Rafael's account, the Mendeses are living in Spain in 1536, when the Tribunal of the Holy Office of the Inquisition is established and its *limpieza de sangre* statutes bring a new focus to the intersection of bloodlines and faith: "People are carefully investigated in order to weed out those of Jewish Ancestry; only 'noblemen of pure blood' can hold positions of civil service" (117).[6] From that point on, the Mendes genealogy is forced to operate underground as it were, a rhizomatic trait first evoked by the reference to Jonah's sojourn in the belly of the whale and later echoed by the description of another prominent antigenealogical metaphor of the text, the dimly-lit, corridor-filled, burrow-like dwelling of the genealogist Samar-Kand. It is significant that upon leaving the genealogist's home Rafael observes that "[g]etting out of this house feels like emerging from an unreal subterranean world" (70). As if pressure from the Inquisition weren't enough to keep the Mendes clan from putting down roots in a single region and establishing a stabilizing connection between family and geography, the legend of the Gold Tree also contributes to the constant geographical dispersion of its generations. Primarily because of these two influences, the Mendes family history provides an example of what Deleuze and Guattari call *Nomadology* in that it resists both literal and figurative forms of "territorialization" and is characterized as a flow in continuous movement, prone to sudden flight in unpredictable directions, as it traverses deserts, oceans, and jungles (*A Thousand Plateaus* 23). One of the first Mendeses to flee what might have become a territorialized genealogy was the cartographer son of the calligrapher I first referred to in my discussion of madness. The calligrapher tries to convince his son that cartography is lunacy by extolling his own art as synonymous with rationality, control, and responsibility:

> "Letters," The old man would say, "are well-defined, codified symbols that have the exactness of logic. [...] As for maps," he would go on, "what are maps? Nothing but winding lines traced at random; even when accurately traced, these lines merely reproduce geographical accidents, which don't follow any human design." (111)

Understood in light of arguments made by Deleuze and Guattari, the presentation of the terms of this father-son disagreement contributes forcefully to a resolution of *The Strange Nation*'s opposition between traditional and alternative notions of genealogy in favor of the latter. One of the reasons that Deleuze and Guattari bemoan the development of fields based on arborescent models is that "[a]ll of tree logic is a logic of tracing and reproduction" (*A Thousand Plateaus* 12). Traditional practitioners of fields such as psychoanalysis and linguistics are condemned to the poverty of "tracing, on the basis of an overcoding structure or supporting axis, something that comes ready-made" (12). This critique of the calquing of an existing template is particularly pertinent to tree-inspired genealogy, whose operative verb is *to trace*. For Deleuze and Guattari, a more adequate form of discovery is in fact cartography: "The rhizome is altogether different, a map and not a tracing. Make a map not a tracing" (12). A map, they argue, is truly rhizomatic, because it "is open and connectable in all of its dimensions; it is detachable, reversible, susceptible to constant modification. It can be torn, reversed, adapted to any kind of mounting, reworked by an individual or group, or social formation" (12).

When we consider the fact that Deleuze and Guattari's notion of rhizomatic antigenealogy is an important piece of their broader theoretical project critical of Freudian psychoanalysis and its negative views on mental illness, the bias for antigenealogical discourse borne out in these examples from *The Strange Nation* has significant implications for determining how the text ultimately resolves the question of hereditary madness. In the view of Deleuze and Guattari, conventional genealogy and psychoanalysis are complementary discourses since they are both, like traditional historiography and linguistics, prominent manifestations of "tree logic," discourses concerned with tracing meanings that are in fact pre-determined by rigid underlying structures. In *Anti-Oedipus: Capitalism and Schizophrenia*, Deleuze and Guattari decry the master narrative of psychoanalysis and its reductive "daddy-mommy-me" logic, accusing it of "domesticating a genealogical form and content that are in every way intractable" (13). For the schizophrenic, whose desire has resisted or overrun Oedipal triangulation, genealogy is multiple, fluid, disjunctive, and evasively creative: "[H]e deliberately scrambles all the codes, by quickly shifting from one to another, according to the questions asked him, never giving the same explanation from one day to the next, never invoking the same genealogy" (*Anti-Oedipus* 15). The "schizo," according to Deleuze and Guattari, "liberates a raw genealogical material, nonrestrictive, where he can situate himself, record himself, and take his bearings in all branches at once, on all sides. He explodes the Oedipal genealogy" (*Anti-Oedipus* 78).

What happens in *The Strange Nation* is that Rafael, searching for answers about his own identity and explanations for certain traumas, is subjected, by virtue of his readings of his unconventional family history, to an unexpected and intense session of antigenealogical, schizoanalytical treatment. Although certain revelations about his ancestors' apparent lunatic tendencies are initially troubling to him, his fear of succumbing to their pattern of hereditary madness is replaced by a serene acceptance of the complex multiplicity he has inherited:

> Suddenly he realizes. All of them have the face he saw in the mirror a while ago; all of them are him, he is all of them. Now he understands the *Notebooks of the New Christian*; they are his father's legacy to him — Rafael is no longer beset by doubts. Instead of solutions, fantasies; instead of answers, imaginary possibilities. (296)

As a consequence of his antigenealogical readings, then, Rafael has given up his search for logical, transcendent, identity-affirming answers. To borrow the words of Deleuze and Guattari, in true schizo fashion, "[h]e has simply ceased being afraid of becoming mad" (*Anti-Oedipus* 131). However, the antigenealogies presented in *The Strange Nation of Rafael Mendes* have implications that go beyond its protagonist's concern about hereditary madness if we consider, as the novel constantly suggests, that each of its multiple Rafael Mendeses are emblematic not only of the Mendes family but also of the Jewish Nation and of Brazilian society in general. In this respect, it is important to point out once again that Scliar's subversion of conventional genealogy equates with an upending of conventional historiography. A final example from the text is indicative of this tendency. When the first Rafael Mendes to cross the Atlantic encounters what he assumes to be Indians native to the New World, he is astounded to learn that they speak Hebrew and that their forefathers emigrated from the Holy Land centuries before Europeans began to explore the Brazilian coast: "After a long time," Rafael is told by the *cacique*, "their ship came to these shores. We are the descendants of those Hebrews. [...] Many of us no longer speak Hebrew, but in each generation, there is always one person in charge of taking care of the Torah, which our ancestors brought with them from Jerusalem" (128). Imprisoned on a *quilombo*, another Rafael Mendes will hear an African leader make a similar claim to Jewish origins (158). This is not to say that Scliar is seriously suggesting that each of the three interrelated psyches he analyzes in *The Strange Nation* embraces a schizophrenic view of genealogy, history, or identity. However, what my analysis has shown is that, in an ironic maneuver for a Jewish writer, Scliar subverts the traditional, Hebrew-inspired mode of genealogy in order to suggest that the role of Jews has been excluded from or downplayed in official "genealogies" of Brazilian nation-building and subjectivity. In so doing, he provides an alternative to official versions of Brazilian history and clears a space for the inclusion of other marginalized voices, whether they belong to indigenous populations, African slaves and their descendants, or unlikely heroes lost among anonymous generations of madmen.

Notes

[1] *The Strange Nation* includes references to several different Rafael Mendeses, the most important of which in terms of the novel's narrative structure are the last Rafael Mendes of the family and his father, the author of the genealogical stories that comprise most of the text. For the sake of clarity, I refer to these characters as Rafael and Dr. Rafael, respectively, throughout the rest of this essay. When I refer to the protagonist, I am generally referring to Rafael the son.

[2] According to Rachman and Hodgson's review of the relevant literature, when it comes to obsessive disorders, for example, "the case for a specific genetic contribution to [their] development [...] is inconclusive, but the possibility of a *general* genetic contribution, through the vehicle of an increased predisposition to anxiety, or to neuroses generally, cannot be excluded" (41).

[3] For an interesting discussion on the connections between the metaphoric usage of traditional genealogy and historical narrative, see Nisbet. O'Toole provides a convincing account of the structural similarities between conventional forms of genealogy and other forms of narrative.

[4] In the online posting "Reclaiming the Text — or Reclaiming Voices," Scliar reflects on his Jewish roots and provides a cursory genealogy of the Jewish-Brazilian tradition of writers.

[5] This specific usage of the term "beginnings" is usually associated with Edward Said, who advocated avoidance of the "passivity of 'origins' by substituting the intentional beginning act of an individual" (32). Said rejects what he calls the "dynastic tradition" or "dynastic ideology" in favor of "adjacency" (13, 66). His intent is to replace the "sacred" or patriarchal model of genealogy with a "gentile" or alternative theory of beginnings (13), a project that reinforces the opposition between the Hebrew origins of traditional genealogy and alternative conceptions.

[6] Castro notes the ironic nature of the Santo Oficio's appropriation of the bloodline standard to prove legitimate Catholic status and to justify its persecution of Hispanic Jews: "Los hispano-cristianos calcaron en este caso un sistema de valoración individual y colectiva muy propio del hispano-hebreo, tan recelado y odiado. [...] Cuánto más perseguían al hispano-hebreo, tanto más se encarnaban los cristianos en el sistema semítico de la pureza del linaje" (44-45).

Works Cited

Balsamo, Gian. *Pruning the Genealogical Tree: Procreation and Lineage in Literature, Law, and Religion*. Lewisburg: Bucknell UP, 1999.

Castro, Américo. *La realidad histórica de España*. Mexico City: Porrúa, 1966.

Deleuze, Gilles, and Félix Guattari. *Anti-Oedipus: Capitalism and Schizophrenia*. Trans. Robert Hurley, Mark Seem, and Helen R. Lane. Minneapolis: Minnesota UP, 1983.

---. *A Thousand Plateaus: Capitalism and Schizophrenia*. Trans. Brian Massumi. Minneapolis: Minnesota UP, 1987.

Foucault, Michel. *Language, Counter-Memory, Practice: Selected Essays and Interviews*. Ed. Donald F. Bouchard. Trans. Donald F. Bouchard and Sherry Simon. Ithaca: Cornell UP, 1977.

Freud, Sigmund. "Heredity and the Aetiology of the Neuroses." *Collected Papers*. Vol 1. New York: Basic Books, 1959. 138-54.

"Genealogy." *Oxford English Dictionary*. 2nd ed. 1989.

González Echevarría, Roberto. *Myth and Archive. A Theory of Latin American Narrative*. Durham: Duke UP, 1997.

Morgentaler, Goldie. *Dickens and Heredity: When Like Begets Like*. Basingstoke, Eng.: Macmillan, 2000.

Nietzsche, Friedrich. *On the Genealogy of Morals*. Trans. Walter Kaufmann and R. J. Holingdale. New York: Random House, 1967.

Nisbet, Robert. "Genealogy, Growth, and Other Metaphors." *New Literary History* 1.1 (1969): 351-63.

O'Toole, Tess. *Genealogy and Fiction in Hardy: Family Lineage and Narrative Lines*. New York: St. Martin's Press, 1997.

Rachman, Stanley J., and Ray J. Hodgson. *Obsessions and Compulsions*. Englewood Cliffs, NJ: Prentice Hall, 1980.

Said, Edward. *Beginnings: Intention and Method*. New York: Basic Books, 1975.

Sarup, Madan. *An Introductory Guide to Post-Structuralism and Postmodernism*. 2nd ed. Athens: U of Georgia P, 1993.

Sayers, Stephen. "The Psychological Significance of Genealogy." *Perspectives in Contemporary Legend*. Vol 2. Eds. Gillian Bennet, Paul Smith, and J. P. A. Widdowson. Sheffield, Eng.: Sheffield Academic Press, 1987. 149-67.

Scliar, Moacyr. "Reclaiming the Text — or Reclaiming Voices." Online posting. 15 April 2007. *The National Foundation for Jewish Culture*.
5 April 2008 <http://www2.jewishculture.org/publications/wtjf/publications_wtjf_scliar. html>.

---. *The Strange Nation of Rafael Mendes*. 1986. Trans. Eloah F. Giancomelli. New York: Ballantine, 1987.

Madness and Christianity/
Loucura e Cristianismo

As Bruxas Portuguesas na Idade Média e no Renascimento

Monica Rector
University of North Carolina, Chapel Hill

A noção de loucura faz parte do processo de civilização, e o que ela significa depende de quem a vê. Pode-se dizer que ela está nos olhos de quem observa. Em relação à loucura, o ponto de vista é o do outro, pois o próprio indivíduo quase nunca se enxerga como mentalmente insano, sem discernimento, insensato ou imprudente. O que foge à norma e é fora do comum é considerado contrário à razão e ao bom senso, e aquele que tem o poder em suas mãos tem a última palavra sobre a loucura.

A Igreja Católica sempre teve tal poder. A partir do século XII, ela exerce seu domínio, usando o conceito de pecado e a conseqüente culpa como instrumentos para subjugar os fiéis. Para ratificar sua validez, no século XIII, a Igreja torna a teologia uma ciência. Desta forma, os representantes da Igreja têm acesso a Deus pelo intelecto e pela razão, ou seja, por meios estabelecidos e controlados por eles mesmos. A bíblia é o texto que ensina como agir. Entretanto, a interpretação dos textos sagrados pode ser literal, referencial ou interpretativa, variando conforme os interesses em jogo. Portanto, em nome da bíblia, podia-se matar ou absolver.

A Igreja estabelece a dicotomia entre o bem e o mal, entre o certo e o errado, entre o aceito e o proscrito, entre o anjo e o diabo. Sucede que o demônio (do grego *daimónion*) não era considerado nem bom nem mal. Esta divisão entre o anjo do bem e o anjo do mal surge somente na Idade Média. Existia ainda um terceiro tipo de anjo, o anjo da guarda, que estaria mais próximo do ser humano, bastando a este invocar aquele pela oração. Além de Deus e do demônio, durante a Idade Média se introduz também a figura do santo, um elemento intermediário, a cuja condição o ser humano poderia ser alçado por meio do martírio e da morte.

Como os representantes da Igreja eram sempre do sexo masculino, a mulher nunca teve vez nem voz. Sua imagem e seu comportamento foram estabelecidos pelos homens. A Virgem Maria era o modelo exemplar a ser alcançado pela jovem e a ser desempenhado pela mãe e esposa. As outras mulheres eram as proscritas, as desterradas e as condenadas ao degredo, sobretudo no Renascimento.

A Imagem da Mulher na Idade Média e no Renascimento

É possível afirmar que as mulheres não existem na Idade Média a não ser em documentos, textos literários e imagens iconográficas de autoria masculina. Entretanto, nem sempre estas representações devem ser interpretadas referencial ou literalmente. Na verdade, são imagens simbólicas e alegóricas daquilo que os homens haviam estabelecido como adequado e conveniente. Muitos deles não conviviam com mulheres, como os religiosos que sobre elas escreviam.

O ciclo de vida da mulher era restrito. Seu aspecto mais valorizado era sua fertilidade e sua capacidade de reprodução. Se era fecunda, ao casar-se, paria seguidamente, já que a mortandade infantil era alta naquela época. Se era infecunda, um destino adverso esperava por ela. Quando enviuvava, se tinha posses, casavam-na em seguida, e então o ciclo de procriação reiniciava. Como separação e divórcio não existiam, sobretudo porque a mulher não tinha como se sustentar sozinha, eliminar o marido era uma alternativa a ser considerada. Diz-se que a vida e a morte estavam nas mãos das mulheres durante o período da Idade Média: filhos indesejados não sobreviviam, porque eram tratados com negligência ou deixados à míngua; maridos mal quistos morriam, porque as mulheres sabiam manipular ervas com efeitos mortais, como a *acqua toffana*. O destino da mulher só se modificava quando, em lugar de casar-se novamente, optava por entrar para um convento. O dote lhe dava vários privilégios. Quando o tinha, a mulher podia contratar serventes e obter outras vantagens, como a de receber "visitas".

George Duby propõe que o ciclo de vida da mulher na Idade Média segue três fases: a primeira é a de virgem sob os cuidados da família; a segunda é a de esposa sob os cuidados do marido, com quem mantém relações sexuais; e a terceira, a de viúva, quando retorna ao estado inicial de abstinência sexual. O homem era dono absoluto do amor profano, para quem a mulher era mero objeto. Este objeto de luxo era ostentado na sociedade. Para tanto, a mulher era vestida e adornada para ser exibida em público e causar inveja aos demais.

Como se acreditava que a mulher já nascia com o pecado, ela precisava ser domesticada e amestrada. Para as que fugiam à regra, até o assassinato era permitido. As mulheres jamais podiam ficar solteiras. As que possuíam dotes eram bem casadas; as outras com menos posses eram casadas, por exemplo, com os homens desterrados para o Novo Mundo na época do Renascimento. A rainha tinha sob sua tutela as órfãs, as quais casava como e quando podia; outras eram mandadas para além-mar, com um dote irrisório, para serem casadas com desbravadores, que mais tinham de animais do que de seres humanos, como se relata no romance *Desmundo* (1996), da escritora brasileira Ana Miranda. A mulher, em contrapartida, tinha poder dentro de casa. Mandava e desmandava nos filhos, na criadagem e até no marido. Ela reinava dentro do lar, e o marido, fora do mesmo.

A mulher portuguesa tem sido retratada como um misto de anjo e demônio. Detentora de força e grandeza, é capaz de fazer tanto o bem como o mal, levando o homem à ascensão ou à derrocada. Como diz Eduardo Schwalbach Lucci, por ela o homem crê, por ela descrê, por ela assassina, por ela morre. Seu poder era considerado tal que "Deus desce até à mulher, o homem sobe até ela". Se o homem torna-se grande e poderoso, foi a mulher quem o inspirou e o guiou. Mas isto é apenas reconhecido pelo homem nas artes. Na vida real, trata-a com ingratidão: "Não passa sem ela e diz mal d'ela" (7).

Na literatura portuguesa, ao lado das cantigas de amor e de amigo, há as cantigas satíricas, que podem ser classificadas como cantigas de escárnio ou de maldizer. As cantigas de escárnio criticam sem individualizar, ficando oculto o nome da pessoa criticada; já nas de maldizer, o ente criticado é personalizado. Estas cantigas servem de documento da época, e a dama, sofrendo a coita de amor, é apresentada de forma adversa, como na seguinte cantiga de Joam Garcia de Guilhade (*Cancioneiro da Biblioteca Nacional* 1.486):

> Ai dona fea, fostes-vos queixar
> que vos nunca louv' en[o] meu cantar;
> mais ora quero fazer un cantar
>   en que vos loarei todavia;
> e vedes como vos quero loar:
>   dona fea, velha e sandia! (309)

Estas cantigas abordam temas variados, desde o obsceno e o escatológico até referências ao corpo e a funções fisiológicas. Àquela época, era este o espaço da carnavalização, em termos bakhtinianos. É o lugar onde a rigidez do amor cortês é relaxada, e a sociedade é mostrada pelo avesso. As cantigas de escárnio e maldizer também são propícias para mostrar a mulher condenada e a mulher-demônio, ou seja, aquelas à margem da sociedade constituída.

Na Idade Média, a caça às mulheres então consideradas bruxas era freqüente. Nessa época, a mulher que enfrentasse, de alguma forma, a autoridade corria o risco de ser acusada de estar possuída pelo demônio. Também se consideravam bruxas as mulheres curadoras, que trabalhavam com ervas ou tinham o poder de aliviar a dor, e que, por essa razão, faziam concorrência com os homens médicos, treinados cientificamente. Isto indica também a existência de uma disputa entre a cura natural e a cura cultural, como ocorre ainda hoje em dia entre a homeopatia e a alopatia. Com a condenação de suas práticas, consideradas bruxaria, a mulher-bruxa perdia sua capacidade de decidir sobre seu corpo, sua sexualidade e mesmo sua fertilidade. Até as parteiras eram vistas com desconfiança, e, pouco a pouco, seu trabalho passou a ser realizado por médicos.

Neste artigo, não trataremos da mulher-anjo, mas somente da mulher-demônio, à qual nos referiremos como bruxa. O conceito de bruxaria freqüentemente envolve uma ação maléfica. A bruxa é aquela que faz magias e que é perseguida e castigada pela sociedade. Mas bruxa é também um termo genérico que designa qualquer mulher feia e rabugenta, marginalizada pelo homem e, por extensão, pela sociedade. Uma bruxa, entretanto, não tem características específicas. Pode ser jovem ou velha, loira ou morena, magra ou gorda. Às vezes, ressalta-se seu olhar oblíquo ou um interesse especial por animais considerados de mau agouro, como o gato. Presta atenção a sons imperceptíveis e ouve a suavidade dos ventos. Em geral, diz-se que vive em um estado contemplativo, fala pouco e é inteligente, qualidade indesejada em uma mulher durante a Idade Média e o Renascimento. A mulher descrita como bruxa não aceita ordens e impõe a sua vontade. Como é marginalizada, sente que a natureza é seu habitat. Dela extrai ervas e prepara chás que podem curar ou matar, permitindo-lhe auxiliar pessoas ou destas se vingar. A bruxa aprende observando e cultuando as sagradas tradições, transmitidas de geração a geração.

Sábia, o poder a acompanha. Mas exercício do poder impõe suas condições: ele deve ser usado para o bem, para proteger a si e aos outros, e somente quando necessário. Uma vez que seu poder é um dom sagrado, a bruxa deve exercê-lo adequadamente e sem receber benefícios financeiros. A bruxa tem como objetivo o auto-conhecimento, o aperfeiçoamento de sua arte, a aplicação sábia e equilibrada de seus conhecimentos, o amor à vida e à natureza e o respeito a quem lhe deu o poder superior. Para exercer sua arte, essa mulher precisa saber o que, como e quando vai fazer algo, e que deve fazê-lo em sigilo e com moderação. Deve ousar, no sentido de ter coragem para desempenhar seu trabalho, mas também se calar, o que lhe serve de proteção e fonte de energia.

Margaret L. King, em *A mulher do Renascimento*, divide as mulheres em três grupos: as filhas de Eva, mulheres da família, que incluem mães e filhas, esposas, viúvas e trabalhadoras; as filhas de Maria, mulheres da Igreja, que incluem as freiras e as santas; e v*irgo et virago*. *Virgo* é a mulher donzela e virgem, e *virago*, a mulher robusta, forte e corajosa, que, como um homem, é também guerreira e heroína. Os dois primeiros tipos de mulher existem na Idade Média; já o terceiro tipo, a *virago*, é peculiar ao Renascimento[1].

As Bruxas da Literatura Portuguesa Medieval e Renascentista

1. A Soldadeira e a Jogralesa

As soldadeiras eram também chamadas de vendilhonas de amor. Das quatrocentas e vinte e oito cantigas editadas por Rodrigues Lapa, "aproximadamente uma centena de composições versam sobre as condutas sexuais de mulheres, na sua maior parte soldadeiras de profissão" (Ferreira 155)[2]. Levam o leitor ao riso, e o riso por si só já é então considerado uma transgressão. Entre as formas de transgressão, nessas cantigas figuram a sexualidade, a infidelidade, a superstição e os poderes diabólicos, assim como a auto-imagem da mulher denegrida pelo erotismo ou ainda a recusa à velhice. Ao mesmo tempo em que a soldadeira proporciona alegria ao homem, ela é símbolo da mulher pecadora, Eva, que tenta o homem ao oferecer-lhe a maçã da sensualidade. Mais uma vez, a mulher é apresentada como culpada, e o homem, como vítima.

A soldadeira, também chamada de jogralesa, como o foi Maria Peres, a Balteira, é personagem recorrente nas cantigas de escárnio e maldizer. Cantada por sua graça e formosura, a soldadeira é criticada pelos mesmos trovadores que não lhe perdoam o envelhecimento. O crítico Manuel Rodrigues Lapa comenta: "Esta formosa pecadora acabou, ao que parece, como tantas outras, arrependida e recolhida à sombra do mosteiro de Sobrado, do qual era familiar e amiga". O autor questiona a representação deste tipo de mulher: "Qual das duas atitudes é a verdadeira: a que transparece na cantiga lírica, delicada e comedida, ou a que se marca nos escárnios, cinicamente desaforados?" (184).

As soldadeiras acompanhavam os jograis em suas andanças por cortes e palácios. Elas cantavam e dançavam em troca de um soldo diário, separando, por uma tênue linha, a mulher artista, que fazia rir o homem, da meretriz, que dividia as noitadas com os trovadores e jograis. As cantigas difamam as soldadeiras por receberem salário inferior ao dos trovadores e jograis, assim como pela "outra arte" que desempenhavam: a de prostituta. As meretrizes viviam em casa própria, condenadas que estavam a um tratamento especial. Mas uma lei de D. Afonso III (1210-1279) permitia que estas comessem à mesa do rei quando convidadas. O que realmente se condenava era a sexualidade da soldadeira, porque ela encarnava o prazer feminino.

2. *A Bailadeira*

Na sociedade indo-portuguesa, há uma figura algo semelhante à soldadeira: a bailadeira[3]. "Bailadeiras chamam-se as mulheres que, habitando geralmente perto de pagodes, têm a profissão da dança e exercem a prostituição como dever inerente à sua casta" (Figueiredo 129)[4]. Na Antiguidade, a prostituição tinha um aspecto religioso e estava ligada à dança profana. Na Índia, as *devadassis* eram jovens com vocação religiosa ou oferecidas ao serviço de Deus pelos pais, antes mesmo de nascerem. As bailadeiras eram também chamadas de "mulheres do pagode" ou "mancebas do mundo" (Figueiredo 121). Em sânscrito, *deva-dassi* significa escravas dos deuses. Às jovens, uniam-se as viúvas, que o faziam para não serem queimadas vivas quando da morte do marido. A viúva "ganhava por seu corpo para o templo de que é freguês" (Figueiredo 123). Iniciava-se, assim, um círculo vicioso, pois as filhas das bailadeiras, que eram as únicas fontes de renda para as mães em sua velhice, eram iniciadas na mesma profissão. Vale a pena mencionar o lamento dos versos de Paulino Dias, no poema "A bailadeira":

> De que vale o progresso altivo e triunfante?
> A síntese que extrai do carvão o diamante
> Transforme em alma de santa a alma de prostituta.
> (qtd. in Figueiredo 130)

3. As Amas e as Tecedeiras

As amas e as tecedeiras encontram-se entre as serviçais das donas da corte. Na poesia satírica, surge o escândalo das amas e tecedeiras. Citamos "Atal vej'eu aqui ama chamada" (*Cancioneiro da ajuda* 166), cantiga de Joam Coelho, que rompe com as convenções do amor cortês. O poeta dirige sua cantiga de amor a uma ama, ou criada, que alimentava os filhos das fidalgas[5]:

> E nunca vi cousa tan desguisada
> de chamar ome ama tal molher
> tan pastorinh', e se lh'o non disser'
> por tod' esto que eu sei que lh'aven:
> porque a vej' a todos querer ben,
> o[u] porque do mund' é a mais amada. (333)

Nessa cantiga, há um jogo de palavras entre o substantivo "ama" e o verbo "amar", falsos cognatos, por meio dos quais se conclui que a personagem cantada é "ama" porque é "amada". Há também a possibilidade de o poeta estar referindo-se não a uma ama, mas a uma mulher nobre, Urraca Guterres, filha de Guterre Soares Mocho, a quem por alcunha chamavam "amma" (uma espécie de mocho), e de esta palavra funcionar como uma senha para ocultar seu nome (Correia 54).

4. A Alcoviteira

A alcoviteira era a mulher idosa medianeira, que agia às vezes para o bem, outras vezes para o mal, mas geralmente em interesse próprio. Esta mulher era considerada bruxa ou prostituta e aliciava raparigas para a prostituição. Na obra teatral de Gil Vicente, são exemplificadas por Branca Gil, em *O velho da horta* (1512), e por Lianor Vaz, na *Farsa de Inês Pereira* (1523).

5. A Prostituta

Prostituta era um termo genérico para se referir a mulheres designadas por vários nomes (meretrizes, soldadeiras, mancebas, mulheres de segre e barregãs) entre os quais havia pequenas diferenças. D. Afonso IV (1290-1357) ordenou o arruamento, isto é, a delimitação de suas atividades e de bordéis a áreas restritas. As prostitutas usavam uma marca na roupa, e o luxo com que podiam apresentar-se era limitado pela lei.

6. A Barregã

A barregã é a concubina ou amásia. É também a mulher do padre, aquela que cuida de sua casa e que lhe presta outros serviços. O padre tinha amantes e descendentes, exibindo a barregã em público, muito bem vestida, de forma a fazer inveja às esposas legítimas, conforme é retratado em passagens da literatura portuguesa. Com o tempo, esta exibição pública da mulher foi condenada, e o padre continuou com sua mulher entre quatro paredes.

7. A Viúva

A viúva é motivo de preocupação para a sociedade, sobretudo por causa de seus filhos, órfãos com freqüência deixados ao desamparo. Por essa razão, foi criada uma legislação para protegê-la. Ela podia recasar ou não, conforme as circunstâncias. A viúva rica podia gerir seus bens e ter a tutela dos filhos, mas a pobre tornava-se um caso social. As viúvas jovens podiam ser recasadas; as mais velhas ficavam aos cuidados da Igreja por não possuírem meios de sobrevivência. Estas viúvas eram recasadas com Cristo.

A viúva veste negro, cor que representa o luto e a morte. Ela é considerada um fardo para a sociedade. Diz-se quanto às viúvas: "— Ai, triste de mim viúva, / Ai triste de mim coitada! / Ir-me-ei por esse mundo / Chamando-me desgraçada. / Ai triste da só viúva / De mim, que nanja de

Imagens da Loucura

nada" (qtd. in Braga 163). Marginalizada, resta-lhe apenas a compaixão que a sociedade lhe dirige.

8. A Criminosa

A criminosa é a mulher humilde, pobre e iletrada que, para sobreviver, pratica algum delito. Algumas criminosas cometiam, por exemplo, infanticídio. Outras vezes, sem condições de criar seus filhos, roubavam e prostituíam-se. Muitas dessas mulheres sabiam manejar bem armas, como a faca, o facão, o machado e a machadinha, instrumentos que utilizavam em afazeres domésticos. Usavam poções e venenos, batiam nos filhos até estes morrerem ou os afogavam. Essa violência se deve ao desespero que as abatia, conseqüência da carência econômica. Seu castigo variava desde a prisão — da qual raramente saíam vivas — à forca. Com freqüência eram declaradas loucas, de forma a amenizar sua pena.

9. A Bruxa Propriamente Dita, a Feiticeira e a Curandeira

Na época da Inquisição, não se distinguia entre bruxas, feiticeiras e curandeiras[6]. Acreditava-se que todas estariam ligadas a práticas mágicas. As curandeiras usavam ervas medicinais para curar sobretudo o corpo, mas também tiravam o quebranto (ou mau-olhado) e curavam certas doenças com orações. As feiticeiras trabalhavam individualmente, como as curandeiras. Já as bruxas geralmente estavam associadas a cultos e operavam coletivamente. Enquanto curandeiras e feiticeiras praticavam o bem, as bruxas trabalhavam para o mal, distinção que entretanto não era sempre feita.

Além de ser utilizada em casos de problemas de saúde, a feitiçaria era também instrumento de intervenção em questões amorosas. Usavam-se poções, ungüentos e cartas de tocar para, por exemplo, alcançar objetivos amorosos. As cartas de tocar eram assim chamadas por acreditar-se que, ao tocar-se a pessoa amada com uma carta, esta seria conquistada. Desta forma, a Inquisição associou a feitiçaria à sexualidade, e bruxa, alcoviteira e prostituta tornaram-se sinônimos. Muitas destas mulheres foram torturadas, e inúmeras confissões foram delas obtidas à força.

Na literatura portuguesa, a mulher-bruxa também aparece em textos de prosa, como em "A dona pé de cabra", narrativa do século XI incluída no quarto *Livro de linhagens*[7]. A dona pé de cabra é uma fidalga, muito formosa, que tinha um pé bifurcado como um pé-de-cabra. Acreditava-se que essa mulher teria um pacto com o diabo. Ela é animalizada, e seu pé de cabra, por si só, é símbolo de mau agouro. O demônio é o inimigo da Igreja, assim como o é a dona pé de cabra, cujo trato com seu marido, Dom Diego Lopez, era o de jamais se pronunciar o nome de Deus ou de algum santo. Certo dia, seu marido diz "Santa Maria nos valha!" e se benze, ocasionando então a ruptura entre o casal. Dona pé de cabra segue seu caminho, agora afastada do lar e da religião.

10. As Filhas Indesejadas
Na Idade Média, as filhas, em geral, eram indesejadas. Ter uma filha era considerado um castigo divino, porque elas constituíam uma ameaça ao patrimônio familiar: ou tinham que ser sustentadas pelo resto da vida ou levavam consigo uma considerável soma como dote ao se casarem. Para a mulher, a condição de solteira era inaceitável, e o espaço que restava àquelas que não se casavam era o religioso. As solteiras, para manterem a pureza de sua linhagem, tinham a virgindade como obrigação e, para que este estado fosse conservado, eram mantidas sob estreita vigilância. Quando se casavam, o marido era sempre escolhido pela família. Cabia ao marido guiar a mulher e exercer sobre ela sua autoridade. A mulher perdia, desta forma, sua identidade e passava a ser a sombra do marido, que lhe ditava todas as normas de conduta. Esta mulher só se libertava após a morte do esposo, quando então passava a dispor de seus bens. Se não estivesse mais em fase de gerar filhos, podia usufruir do estado de viúva; se não, tentavam logo casá-la outra vez. Em alguns casos, no entanto, era incentivada a permanecer viúva para

não dilapidar o patrimônio que herdara, tendo em vista que o novo marido viria a usufruir de seus bens.

11. A Cortesã

A prostituição é institucionalizada na Europa no século XIV. Surge, então, um outro tipo de prostituta, a cortesã, que é poeticamente retratada na literatura como sendo uma mulher de rara beleza física e ornada com vestes luxuosas. Eram aquelas procuradas e mantidas por homens ricos.

12. As Órfãs

Em 1545, foi fundado um asilo para órfãs em Lisboa. Apesar de os homens de além-mar casarem-se com mulheres nativas, eles preferiam casar-se com as brancas portuguesas. Por isso, muitas órfãs eram enviadas para os territórios colonizados por Portugal. Nesta época, não se casava uma órfã sem dote. Por essa razão, pediu-se ao rei que não se enviassem mais órfãs para a Índia. O problema das órfãs solteiras foi resolvido com a fundação do Convento de Santa Mónica em Goa, no final do século XVI, e de um retiro, o de Santa Madalena da Serrana, na colina de Albuquerque. Estas jovens já não teriam que temer o desconhecido além-mar porque podiam voltar-se para Deus.

13. As Travestidas

O último tipo de mulher que mencionaremos é a que se traveste de homem para seguir com seu companheiro à guerra[8]. Como exemplo, em Portugal, no reinado de D. João IV (1640-1656), travou-se uma batalha, tendo à frente Helena Peres, que conduzia um batalhão de trinta guerreiras. Há ainda Antonia Rodrigues, a Antoninha, como relata Antonio da Costa:

> Um dia corta os cabellos, enverga um humilde trajo de rapaz, e [...] em bem pouco está a sorte de uma creatura! Na simples mudança, de um a n'um o. Era Antonia? E já Antonio. Sae de casa às escondidas, e ei-lo grumete n'uma caravella demandando Mazagão. O

mundo é vasto, e o espírito ainda mais vasto do que o mundo. (33)

No Renascimento, surgem estas mulheres fortes e armadas, que, segundo os dizeres masculinos, tinham "o sexo invertido", pois se comportavam como homens. A mulher culta assemelhava-se à mulher soldado, pois havia invadido o campo masculino da cultura. A mulher vestida de trajes masculinos era proscrita. O travestir-se de homem não significava sua emancipação; pelo contrário, confirmava o estatuto de inferioridade da mulher.

Outras mulheres ainda acompanhavam os maridos em viagens de navio. Muitas morriam nos comuns naufrágios de então, já que suas saias lhes dificultavam os movimentos. As mulheres que ficavam em terra e cujos maridos não voltavam julgavam-se viúvas após alguns anos. Como algumas contraíam novo matrimônio, houve casos em que o marido retornou posteriormente, e a bigamia ficou patente. O castigo podia ser quatro anos de desterro mais uma multa.

Conclusão

Estas mulheres-bruxas — marginalizadas, proscritas, execradas pela sociedade — eram tidas como loucas. A maioria das mulheres consideradas loucas era formada de indivíduos pertencentes às camadas mais baixas da sociedade. Como a mulher não exercia uma profissão, sua pobreza era comum nesta época, e muitos delitos foram cometidos por ela para assegurar sua sobrevivência. No Renascimento, a mulher se tornou mais visível na sociedade e nas artes, apesar de sua condição social permanecer praticamente idêntica à da Idade Média.

A loucura das mulheres portuguesas na Idade Média e no Renascimento foi engendrada pelos homens daquela época. A imagem de bruxa era imposta àquelas mulheres que não obedeciam aos ditames sociais impostos pelos homens. Portanto, o conceito de loucura desta época precisa ser repensado à luz do restrito papel da mulher na sociedade

Imagens da Loucura

medieval e renascentista que transformava em mulheres-bruxas todas aquelas que ousavam questioná-lo.

Notas

[1] Para uma discussão sobre o papel da mulher no Renascimento, consultar Herlily.

[2] Ferreira refere-se à obra de Lapa.

[3] O poeta português Luís Vaz de Camões (1524-1580) dedica muitos versos à indiana Bárbara, que se supõe ser uma bailadeira.

[4] *A mulher na Índia portuguesa*, de autoria de Propércia Correia Afonso de Figueiredo, é memória escrita em 1922, a pedido do Governo do Estado da Índia, para o terceiro volume da coleção *A Índia portuguesa*.

[5] Entre outras tarefas, cabia às amas tecer, cozinhar, cuidar dos animais e fazer outros trabalhos então considerados pouco nobres.

[6] Para uma discussão sobre o imaginário da magia em Portugal no século XVI, consultar Bethencourt e Pieroni.

[7] Para um estudo da representação da mulher na literatura portuguesa, consultar Rector.

[8] Na literatura brasileira temos, como exemplo, a figura de Diadorim, protagonista do romance *Grande sertão: veredas* (1956), de Guimarães Rosa.

Referências Bibliográficas

Bethencourt, Francisco. *O imaginário da magia: feiticeiros, adivinhos e curandeiros em Portugal no século XVI*. São Paulo: Companhia das Letras, 2004.

Braga, Teófilo. *O povo português nos seus costumes, crenças e tradições*. Vol 1. Lisboa: Dom Quixote, 1985.

Coelho, Joam. "Atal vej'eu aqui ama chamada". *Cancioneiro da ajuda*. Vol 1. Ed. Carolina Michaëlis de Vasconcellos. Halle a.S.: Max Niemeyer, 1904. 332-33.

Correia, Ângela. "O outro nome da ama, uma polêmica suscitada pelo trovador Joam Soares Coelho". *Colóquio letras* 142 (1996): 51-64.

Costa, Antônio da. *A mulher em Portugal*. Lisboa: Ferin, 1893.

Duby, Georges. *As damas do século XII. A lembrança dos ancestrais*. Trad. Maria Lúcia Machado. Lisboa: Teorema, 1996.

Ferreira, Ana Paula. "A outra arte das soldadeiras". *Luso-Brazilian Review* 30 (1993): 155-66.

Figueiredo, Propércia Correia Afonso de. *A mulher na Índia portuguesa*. Nova Goa: Tip. Bragança & Cia., 1993.

Guilhade, Joam Garcia de. "Ai dona fea, fostes-vos queixar". *Cantigas d'escarnho e de mal dizer dos cancioneiros medievais galego-portugueses*. Ed. Manuel Rodrigues Lapa. Vigo: Editorial Galáxia, 1965. 309.

Herlily, David. "Did Women Have a Renaissance? A Reconsideration." *Medievalia et Humanistica* 13 (1985): 1-22.

King, Margaret L. *A mulher do Renascimento*. Trad. Maria José de La Fuente. Lisboa: Presença, 1994.

Lapa, Manuel Rodrigues. *Cantigas d'escárnio e maldizer dos cancioneiros galego-portugueses*. Vigo: Editorial Galáxia, 1965.

Lucci, Eduardo Schwalbach. *A mulher portugueza*. Porto: Chardron, 1916.

Pieroni, Geraldo, ed. *Entre deus e o diabo: santidade reconhecida, santidade negada na Idade Média e Inquisição portuguesa*. Rio de Janeiro: Bertrand Brasil, 2007.

Rector, Monica. *Mulher, objecto e sujeito da literatura portuguesa*. Porto: Edições Universidade Fernando Pessoa, 1999.

As Beatas e o Seu Mundo

Alzira Lobo de Arruda Campos
Universidade São Marcos, São Paulo, Brasil

Embora submetida ao poder do homem, a mulher detém poderes tradicionais: transmitir a tradição, exercer a mediação entre as diversas instâncias sociais e curar. Esses poderes foram usados, no passado, para garantir benefícios diversos a mulheres intituladas "beatas", cujas memórias, embora intermediadas pelas vozes dos juízes que as processaram, transmitem até nós imagens da loucura dessas personagens e do tempo em que viveram. Figuras de escárnio e de maldizer, as beatas penetraram no campo da literatura e da história, resistindo, por séculos, como mulheres carismáticas que suscitaram simultaneamente ódio e fascinação entre aqueles que as rodeavam.

O fascínio pelas beatas atingiu estudiosos de diversas áreas. Esta análise, que se alinha às preocupações fundamentais dos estudos de gênero, não vê as beatas como um fenômeno relacionado somente à crença supersticiosa, mas também como personagens integradas à organização social que as gerou. Por meio de imagens diabólicas ou de loucura a elas comumente associadas, as beatas aparecem como instrumento efetivo para organizar as relações sociais e fornecer alimento espiritual à coletividade na qual viveram.

Em princípio, as beatas formaram-se no âmago da Igreja Católica, mas viveram a espiritualidade ao contrário. No universo invertido que construíram, o poder masculino transferiu-se para a mulher, a virtude transmutou-se em vício, o cotidiano impregnou-se de magia e a mulher pôde viver papéis associados ao satanismo ou à loucura, pelo menos por determinado intervalo de tempo, antes que a Inquisição a aprisionasse aos papéis tradicionais de virgem, esposa ou mãe, por meio dos autos-de-fé. Na época, as beatas personificavam os ideais da educação, que tinham na imitação uma de suas ferramentas principais, conforme se percebe através da leitura da *Sentença de Tereza Maria de S. José, aliás Madre Teresa*[1].

E logo continuou dizendo que era digno de reparo que lhe tendo Deus dado o mesmo dom que deu a Santa Teresa de ignorar todo o gênero de impureza se gloriava muito de se parecer nisto com a mesma santa e de ser na pureza verdadeiramente sua filha, mas que ela se achava terrivelmente acusada no Santo Ofício por causa de impuridades e por aqui andava o Demônio, mas graças a Deus que Santa Teresa se livrou deste trabalho, (do qual) ela Ré ainda não se tinha livrado.

No caminho aventuroso que levava as mulheres da condição de beatas à de bruxas, Deus e o Diabo se confundem. A situação equívoca da mulher no passado favoreceu o desenvolvimento do complexo de Circe[2]. Por meio da magia, as beatas puderam organizar, de acordo com padrões lógicos e sociais, um círculo de sectários que delas dependiam para resolver problemas variados. Nesse círculo, elas reinavam com autonomia até que ultrapassassem os limites então considerados toleráveis pela sociedade.

Se, por um lado, as beatas se apresentavam à comunidade como criaturas de Deus, por outro lado, uma vez nas mãos dos inquisidores, à força de tormentos, Deus se convertia no Demônio. Foi o caso de Madalena da Cruz, monja professa no mosteiro de Santa Isabel dos Anjos de Córdoba, que foi condenada a cárcere perpétuo pela Inquisição, a cujo respeito se afirma que

> sendo de idade de cinco anos, na Vila de Aguilar, de onde é natural, se lhe apareceu o diabo, na figura de Anjo de Luz e a consolava por muitas e diferentes maneiras. Disse mais que sendo de idade de doze anos, estando na dita Vila, fingia de santidade e por tal queria e folgava ser tida e desde então fez amizade e conveniência com o demônio, o qual lhe prometeu que lhe faria que fosse tida e estimada por santa de todas as

gentes e em sinal disto lhe faria que os dois dedos mínimos das mãos não lhe crescessem mais. (*Sentença de Madalena da Cruz e sua confissão*)

Os termos da confissão acima demonstram a influência dos inquisidores, pois Madalena transmuta suas visões beatíficas em diabólicas, a fim de evitar a continuação dos tormentos. Trata-se, pois, de um testemunho intermediado por um conjunto de vozes: de sectários, de inimigos, de inquisidores. As pesquisas sobre a magia revelam um maior número de informações oferecidas por pessoas que acreditavam em bruxaria do que por aquelas que se consideravam bruxas. Desse modo, o estudo das beatas resvala para um cenário de fronteiras imprecisas, entre o real e o imaginário, a sanidade e a loucura. Fronteiras individuais, mas também coletivas, estreitamente relacionadas com a identidade feminina e com a crença obstinada das massas na magia. Ao observarem-se as diversas circunstâncias históricas que abrigaram as beatas, um ponto em comum chama a atenção do pesquisador: apesar das mudanças do espaço e do tempo em que viveram, as figuras das beatas permanecem fiéis a si mesmas, isto é, aos estereótipos culturais sobre mulher e magia. A beata representou o papel feminino, embora de forma negativa e dentro dos limites definidos pela Igreja. O modelo de perfeição expresso pelas santas foi parodiado à exaustão, permitindo que as beatas, por uma extensão de tempo limitada mas variável, escapassem às injunções que se abatiam sobre elas, gozando de prestígio e recebendo favores sociais.

As beatas pertencem ao mesmo universo de representação das bruxas e feiticeiras. As mulheres que as encarnaram possuem uma notável semelhança. Eram, por definição, mulheres sem prestígio social e frustradas, que serviram como mediadoras ou executantes dos desejos alheios. Esse paradoxo é perpétuo na vida da bruxa/beata: seus atos e os de seus solicitadores não mudam muito com o passar do tempo. Ela mesma se sujeita a exclusões e privações severas, e se responsabiliza por atender a necessidades alheias. Por meio de eventuais triunfos, consegue angariar benefícios materiais e prestígio e confundir a linha de divisão entre a realidade exterior e o mundo de seus desejos e suas representações. Mas os fracassos são inevitáveis. Um cliente mal atendido poderá se transformar em inimigo, delatando a beata às autoridades. Ao atrair olhares, as beatas ocupam um lugar central na sociedade em que vivem. Havia aqueles que acreditavam em seus atos e outros que os julgavam serem frutos de uma imaginação perturbada pelo Demônio. Foi nesse terreno escorregadio que a burocracia inquisitorial interveio, conferindo o *placet*, isto é, a aprovação, a algumas beatas e negando-o à imensa maioria.

O fenômeno das beatas adapta-se a um sistema mental de contornos bastante visíveis, no qual as idéias e as emoções são muito concretas e intimamente ligadas às preocupações cotidianas. Os registros de comportamentos transcendentais são, em certa medida, como caixas de ressonância do comportamento humano. Eles deixam claro que o anseio de auto-transcendência é quase tão comum quanto a necessidade de auto-afirmação. Os seres humanos anseiam libertar-se de si mesmos e ultrapassar os limites do universo isolado no qual se encontram confinados. Tal fenômeno revela-se mais incisivo para indivíduos pertencentes ao gênero feminino.

O lugar comum histórico que abriga as ligações entre a mulher e o Demônio corresponde a uma crença profunda na fragilidade das filhas de Eva e, como conseqüência, à responsabilidade do homem de se proteger, subordinando a mulher a seu mando. Em momentos de crise, a mulher aparecia como suspeita de ser a causadora dos problemas enfrentados pela comunidade. Como observa Jean Delumeau (306), a modernidade identificou a mulher como um poderoso agente de Satã. A Igreja apenas reproduzia e exacerbava a misoginia reinante na sociedade. Com efeito, a veneração do homem pela mulher foi contrabalançada, ao longo do tempo, pelo medo que o homem sentiu em relação ao outro sexo. As raízes desse medo são mais complexas do que pensou Sigmund Freud, que as reduziu ao medo da castração, o qual seria conseqüência do desejo feminino de possuir um pênis, desejo que se introduziu sub-repticiamente na teoria psicanalítica por uma tenaz adesão à superioridade masculina. Essa análise pode ser entrevista nas declarações prestadas por Madre Teresa aos inquisidores que a interrogavam:

> [Ela,] Ré, sempre abominara achegar-se para os homens e ter confianças com eles, reconhecendo a diferença do sexo e desde o princípio de sua vida sempre tivera desejo de ser homem para estudar, para pregar, para ser missionário e também para ser inquisidor. E algumas pessoas que conheciam o seu ânimo lhe diziam que ela era varonil e que parecia um homem forte. (*Sentença de Tereza Maria de S. Josê*)

Vemos, com nitidez, que Madre Teresa se interessa pelo poder que o homem desfrutava em sua época, o que não se pode restringir a uma neurose infantil, conforme preconiza Freud[3]. O autor observa que os estados compreendidos como "possessões" no passado, ou seja, entendidos como "diabólicos", são considerados pela ciência como decorrentes de visões psicossomáticas, correspondendo, pois, a neuroses. O diabo, na visão psicanalítica, representaria desejos repreensíveis, "derivados de impulsos instintuais que foram repudiados e reprimidos" (Freud 15-16). A ambivalência do homem em relação à mulher aparece nitidamente nos casos de beatas cuja aliança com Deus é transmutada em pacto diabólico pelos inquisidores. Os processos contra beatas ou bruxas revelam que a singularidade de hábitos e comportamentos de algumas mulheres gera suspeita e posterior acusação de feitiçaria. Explica-se, assim, a transição da crença em poderes mágicos benévolos à suspeita de que tais poderes causavam malefícios à população. De beata ou santa, a mulher decaía para a situação de feiticeira.

O século XVII foi marcado pela perseguição inquisitorial a feiticeiros, mas os processos perduraram nos séculos seguintes, embora diminuídos durante o Iluminismo.

Infelizmente muitos processos apresentam-se fragmentários, ficando difícil discernir os limites entre um possível aumento de casos e o acirramento da perseguição a atividades que teriam sido até então toleradas. A estatística dos autos-de-fé celebrados pelos tribunais portugueses do Santo Ofício indica a presença de várias mulheres penitenciadas como feiticeiras ou beatas. Nos termos do Santo Ofício, a realidade era bem menos auspiciosa para mulheres que penetraram no campo da magia, que se fizeram acreditar miraculosas e que perderam o crédito angariado em algum momento de suas biografias. Tais fracassos estão relatados em processos eclesiásticos, dos quais os mais importantes são os da Inquisição.

Fortunato de Almeida, em sua *História da Igreja em Portugal*, apresenta uma relação de penitenciados que saíram nos autos-de-fé, observando que em 1588 foi punida uma célebre prioresa do convento da Anunciada, na sede do Santo Ofício de Lisboa, e em 1655 uma mulher descrita como bruxa e santa fingida, na sede de Évora. Trata-se de casos que impressionaram o autor, uma vez que ele registra poucos dados sobre as vítimas do Santo Ofício, quase todas julgadas como incursas no crime de judaísmo. Não obstante, existem relações mais minuciosas de mulheres que foram recolhidas pela rede da Inquisição, como por exemplo uma lista de setenta e dois processos, arquivada na Biblioteca Pública e Arquivo Distrital de Évora, que registra os nomes e as culpas de réus processados no ano de 1732. Essa relação anota a culpa de todos os réus, permitindo que se vejam, em negativo, os poderes mágicos que a ideologia dominante pressupunha como femininos. O corpus processual compreende vinte mulheres penitenciadas pelo Santo Ofício como falsas beatas e feiticeiras, havendo ainda uma considerada embusteira[4]. Excertos dessas demandas lançam luz sobre as beatas e o seu mundo, ajudando-nos a compreender o processo de vitimação de mulheres religiosas que, por efeito da educação que lhes havia sido imposta, procuraram corresponder a estereótipos considerados louváveis pela própria Igreja e ensinados nos quadros eclesiásticos aos quais pertenciam.

Desta forma, Maria da Visitação, prioresa do Mosteiro da Anunciada de Lisboa, foi penitenciada em finais do século XVII por supostamente fingir-se de santa. Em sua confissão, a prioresa, então com trinta e seis anos, declarou que entrara no mosteiro com a idade de nove para dez anos e que fizera, aos dezessete, profissão-de-fé. Com vinte e quatro ou vinte e cinco anos começara a apresentar os sinais da coroa de espinhos na cabeça, que lhe teriam sido dados por Nosso Senhor, a seu pedido, por merecer, como punição a seus pecados, sentir as dores que Ele sentira. De acordo com a penitente, Nosso Senhor lhe pusera a coroa na cabeça, ficando-lhe os sinais dos espinhos impressos. A partir desse momento, as dores reapareciam todas as sextas-feiras[5].

Acontecimentos como esses eram tornados públicos, espraiando-se do meio conventual à sociedade laica. De acordo com a *Sentença de Maria da Visitação, prioreza que foi do Mosteiro da Anunciada desta cidade de Lisboa*, convertida em centro das atenções, a beata continuava a exibir os prodígios operados nela por seu divino esposo. Êxtases, arrebatamentos e conversas de dedicação mútua entre os esposos revelam o conteúdo sensual das fantasias da beata. Em um desses êxtases, o sacrário se abriu e uma partícula do Santíssimo Sacramento, rodeada de claridade, veio pelo ar, metendo-se em sua boca. Mais tarde, Cristo aparecera, resplandecente, com raios que lhe saíam pelas cinco chagas, e com o raio que procedia de seu flanco, vermelho como sangue, penetrara em seu lado esquerdo com tanta dor que a despertara, ficando-lhe uma ferida no lugar que sangrara pelo espaço de quinze dias. No dia de São Tomás de Aquino, no momento em que se achava "quase arrebatada", a prioresa ouvira uma voz muito suave, que a chamou por seu próprio nome de Maria. Ao despertar do arrebatamento, vira com seus olhos corporais a Jesus, em forma humana, muito formoso e acompanhado de dois anjos. Dele, mais uma vez, saíam cinco raios resplandecentes, pelos quais fora ferida nas mãos e nos pés, pela segunda vez.

A narrativa de Maria da Visitação aborda conúbios amorosos com seu esposo, evidentemente moldados pela linguagem religiosa. Em cenas que seriam analisadas como alucinações, ou sintomas de histeria ou demência, os contatos entre a monja e Cristo sucediam-se. A narrativa da beata continua: passados mais nove dias, novamente a Segunda Pessoa da Santíssima Trindade apresentou-se em sua cela, ordenando-lhe que pedisse licença a seus superiores para comungar durante nove dias seguidos. Nesse momento, em resposta a seus questionadores, alegou sentir arrebatamentos antes e depois de se manifestarem as chagas e todas as vezes que acabava de comungar. Os arrebatamentos também ocorriam quando se falava em assuntos divinos ou espirituais. Nesses momentos,

> não usava dos sentidos, não via nem ouvia, nem sentia cousa que lhe causasse dor, antes tinha para si que se lhe metessem um prego pela carne, o não sentiria; mas que se lhe mandavam por obediência que despertasse o fazia logo e que não sabia a causa disso, mas que parecer-lhe que o que a tinha arrebatada e presa, a soltava; e que neste tempo que assim estava arrebatada, lhe ficavam as partes superiores (como era o entendimento e a vontade) livres, mas que estavam cheias de Deus; e que estes arrebatamentos antes que fosse prelada lhe duravam por espaço de cinco ou seis horas, e depois que o fora lhe duravam breve tempo. (*Sentença de Maria da Visitação*)

Além dos arrebatamentos, Maria da Visitação afirmava passar também por episódios de levitação:

> [...] elevando-se acima do chão muitas vezes o que não sentia quando logo se levantava, senão quando caía no chão, porque então despertava. E que quando tinha estes alevantamentos na sua cela, estava abraçada com a cruz, e no coro quando acabava de comungar; e que

tinha luzes e claridades que se nela viam e resplandeciam, sem saber donde lhe procediam, mas que cuidava que da presença do esposo; [...] e que entendia estava o esposo presente pelas mercês interiores que ao tal tempo recebia. (*Sentença de Maria da Visitação*)

A confissão acima revela a estratégia usada pela monja a fim de quebrar a rotina conventual, angariando poder e aprisionando os olhares dos circunstantes. Suas fantasias sexuais canalizavam-se na figura de Cristo, como era natural, considerando-se o universo de confinamento em que se encontrava. Com o início do processo, as próprias freiras desmascararam sua superiora. Ela levava escondidos para o coro um banquinho e uma lamparina. No primeiro, subia para fingir a levitação, que era acompanhada por resplendores provenientes da lamparina. Esse esquema durou vários anos, assegurando à prioresa prestígio e poder até o momento em que, seja por seus excessos, seja por decorrência de luta política interna, a Inquisição foi informada e a aprisionou. Os casos das beatas comprovam que o raio de sua ação mágica era proporcional ao alcance de seus contatos sociais.

O tempo decorrido entre o início dos fenômenos sobrenaturais e sua denúncia é em geral longo. Os circunstantes ficavam subjugados pelos poderes carismáticos das beatas e participavam com freqüência de suas encenações e de acordo com regras por elas ditadas, conforme revela a seguinte passagem:

> Em certa eleição de Prelado, mandou a Ré a pessoas de sua parcialidade que fizessem orações com a boca em terra, prognosticando que havia de sair eleita certa pessoa que o não foi; [...] E finalmente a malícia e a dissimulação da Ré que para mais enganar se introduziu muitas vezes no governo de algumas comunidades, com o pretexto de reformas, que sempre seguiram distúrbios e inquietações; [...] e foram tantos e tais os seus artificiosos fingimentos, que andando envolvida

em tantas ociosidades e torpezas como as que se têm referido, pode enganar a muitas pessoas de ambos os sexos e de todos os Estados, conservando-se por muitos anos na opinião de virtuosa e santa, sendo uma miserável pecadora. (*Sentença de Tereza Maria de S. José*)

A habilidade das beatas em convencer seus seguidores lhes permitia acumular poder ou benefícios materiais. A beatitude/feitiçaria pode ser considerada uma arma de defesa e ataque das mulheres em sua luta pelo usufruto de benefícios sociais comumente reservados aos homens (Ginzburg 20). Muitos dos processos tornam patente ter sido justamente a competição pelo poder entre mulheres a causa da denúncia de beatas supostamente "fingidas" ao Santo Ofício, como no caso de Maria da Visitação: "E nos foi requerido (dizem os juízes) com muita instância por muitas pessoas assim religiosas do dito Mosteiro [...], que mandássemos tomar verdadeira informação do caso e averiguar a verdade deste, assim dos arrebatamentos e alevantamentos do chão, resplendores e claridades que se viam na dita Maria da Visitação [...]" (*Sentença de Maria da Visitação*).

A infância fornece indícios para a compreensão da identidade assumida mais tarde pelas beatas, revelando não raro seu conhecimento precoce da sexualidade. Foi este o caso de Madalena da Cruz, monja professa no mosteiro de Santa Isabel dos Anjos de Córdoba, condenada a cárcere perpétuo pela Inquisição, que

> declarou que sendo pequena e querendo sua mãe dormir com ela na cama isto não quisera consentir dizendo-lhe que não dormia com ela porque havia dormido com seu pai, parecendo-lhe que aquele contato da carne de sua mãe lhe seria nocivo [...]. E que ela Ré [...] pelo cheiro de algumas pessoas conhecia o pecado da lascívia, que nelas havia. (*Sentença de Madalena da Cruz e sua confissão*)

As confissões das beatas incluem menções a incidentes miraculosos em sua infância ou puberdade, revelando um ambiente social impregnado pela magia. Nesse sentido, elas forneciam à população o alimento espiritual necessário à vida em comunidade. Todas elas se formaram nos quadros da Igreja (mosteiros, conventos, recolhimentos ou paróquias), atendendo a motivações políticas próprias a tais quadros e imitando os modelos propostos pela doutrina cristã. As beatas satisfaziam parcial ou plenamente sua sexualidade valendo-se do prestígio que adquiriam como milagreiras. Suas habilidades de taumaturgas compensavam indicadores físicos negativos como, por exemplo, marcas de avançada idade. É assim que vemos Madre Teresa, de sessenta e seis anos, assegurando-se, por vias mágicas, os serviços sexuais de numerosos indivíduos, dos quais o principal era Frei Manuel, com o qual teria se deitado, estando ambos nus, repetidas vezes, a fim de o curar dos "estímulos da luxúria". De acordo com a confessante, de tal sorte o frade se encontrava seduzido que não queria mais estar com outra pessoa, a não ser com ela. Na cama o casal cometia todos os atos de luxúria, sempre com o pensamento em Deus, pondo em prática o princípio de curar o pecado pelo pecado ou de consumir a "lenha verde com a lenha seca". E assim, entre ósculos e amplexos, continuaram com suas práticas "torpíssimas" até que foram lançados aos cárceres da Inquisição. Após longo processo, Frei Manuel foi queimado por práticas e crenças heréticas, e Madre Teresa foi condenada ao exílio perpétuo na ilha de São Tomé (*Sentença de Tereza Maria de S. José*).

Os casos de Madre Teresa e de Frei Manuel são exemplos de que a relação íntima mantida entre mulheres e seus confessores poderia incluir comportamentos não previstos pela Igreja, tornando as confessantes presas dos padres ou estes daquelas, visto que os padres também podiam centralizar fantasias sexuais de mulheres solitárias ou sujeitas a uma vida sexual insatisfatória. Nota-se, por exemplo, mais de dois séculos após os acontecimentos que envolveram Frei Manuel e Madre Teresa, o caso de Padre Cícero Romão Batista e de Maria do Araújo, registrado nos Sucessos do

Crato, que concentrou os olhares do agreste sertanejo brasileiro e provocou a intervenção da Igreja no ano de 1891. Os Sucessos do Crato relatam supostas práticas de piedade colocadas sob suspeita por Dom Joaquim José Vieira, bispo diocesano do Ceará, estado do nordeste do Brasil. Vieira preocupava-se não somente com a veracidade dos milagres da beata do Padim Cícero (forma como o Padre Cícero era popularmente conhecido) na cidade de Juazeiro do Norte, mas também com fatos miraculosos produzidos por outras beatas também assessoradas por seus confessores. A recorrência de milagres comprova o poder de contágio das práticas mágicas, assim como a persistência do modelo das beatas. Aquelas que contavam com a aprovação da Igreja eram consideradas verdadeiras beatas, enquanto as condenadas pelo Santo Ofício eram julgadas imitações das primeiras e declaradas embusteiras. O sertão nordestino brasileiro viu aparecer uma profusão dessas últimas. A análise do inquérito sobre o assunto deixa patentes as motivações políticas dos acontecimentos de Juazeiro Norte: padre Cícero pretendia criar um seminário na região que funcionaria como a "porta do Paraíso". Em busca desse objetivo, valeu-se da colaboração incansável da jovem Maria de Araújo, que foi enviada à Santa Sé, encontrando-se várias vezes com o papa a fim de apressar o processo de reconhecimento dos milagres que ela protagonizava e que consistiam na transformação da hóstia em carne e sangue de Cristo (*Cópia autêntica do processo instruído sobre os fatos do Joazeiro*).

Os milagres de Juazeiro foram realizados durante o período conturbado da separação entre a Igreja e o Estado no Brasil, quando os padres, inconformados com a laicização da sociedade, freqüentemente provocavam agitação entre seus paroquianos. As declarações de Padre Cícero confirmam os dados históricos sobre a gênese da beatice, apresentando a cumplicidade de praxe entre os padres e as chamadas filhas da Igreja. Desde a idade de dez anos, Maria de Araújo se confessava com freqüência e comungava diariamente com o Padre Cícero, com o qual passou a morar aos vinte e cinco anos. O inquérito, que se iniciou quando a beata estava com vinte e sete anos, registra a ordem do bispo da separação de moradia do casal, ordem que foi desobedecida por Padre Cícero, sob a alegação de que Maria de Araújo sofria "tentações particulares do demônio" e por isso precisava de um diretor espiritual "que a conhecesse e dirigisse como convinha" (*Cópia autêntica do processo*).

Laudos médicos e testemunhos apensados aos autos processuais permitem entrever sintomas de histeria presentes no comportamento de mulheres postas sob a influência de seus diretores espirituais. Padre Cícero declara que sua protegida era de compleição fraca, apresentando desde criança espasmos e ataques nervosos que "a prostravam até o ponto de perder os sentidos". Esse estado mórbido teria continuado até o ano de 1889, quando começaram a se manifestar nela "alguns fatos extraordinários, havidos por muitos como maravilhosos" (*Cópia autêntica do processo*). A partir de 1874, a beata do Padre Cícero, além dos ataques nervosos, passou também a ter êxtases em público. A mandado do bispo, Padre Cícero descreve o que ele chama de "disposições e provações de Maria de Araújo", permitindo entrever a manipulação mútua entre ele e sua confessada:

> Conheço a Maria de Araújo desde menina, isto é, desde a idade de oito a dez anos, quando a confessei para fazer ela sua primeira comunhão. Notando aí então as melhores disposições daquela menina para a vida interior, aconselhei-a a se consagrar a Nosso Senhor, o que ela executou de modo o mais íntimo e perfeito, considerando-se desde aquela data como uma verdadeira esposa de Jesus Cristo. Na idade de dezoito a dezenove anos, mais ou menos, foi Maria de Araújo vítima das mais graves tentações e perturbações de espírito, as quais todas convergiam para distraí-la da oração e inspirar-lhe receio das práticas de piedade, além de serem contrárias à Santa Virtude da castidade. (*Cópia autêntica do processo*)

A ascendência do adulto sobre a adolescente converte-se em obsessão, resultando em um jogo amoroso que inclui a celebração do casamento entre Maria de Araújo e Cristo: "Nosso Senhor mandou-lhe então que [...] ela celebrasse com ele, isto é, com Jesus Cristo mesmo um consórcio espiritual, [...] o que se efetuou com grande solenidade. Com esse fato acendeu-lhe o coração num verdadeiro incêndio de amor" (*Cópia autêntica do processo*). Atente-se para o fato de Maria de Araújo ter somente dezesseis anos nessa época, em cerimônia assistida por um público crédulo e fanatizado que ouvia da própria beata a afirmação de que estariam presentes ao casamento Maria Santíssima e São José, além de coros de anjos e virgens. Essa cerimônia foi precedida por diversos preparativos, como outros desposórios espirituais. De acordo com o relato daqueles presentes, Jesus teria oferecido a sua noiva o anel nupcial, dando-lhe a mão, chamando-a de esposa e exigindo que "a ele se consagrasse de um modo mais íntimo ainda e anunciando-lhe que, daí em diante, teria mais que sofrer por seu amor" (*Cópia autêntica do processo*), confirmando assim a expectativa das mulheres sobre o casamento, expressa no seguinte ditado popular: "Mãe, o que é casar? Filha, é fiar, parir e chorar".

De acordo com o processo, Padre Cícero informa que, uma vez celebradas as núpcias, quanto mais intimamente Maria de Araújo se comunicava com o Divino Esposo, "mais graves perturbações e tentações sofria do inimigo, o que era compensado por maiores consolações". Os colóquios que ela mantinha com Cristo eram tais que, segundo o padre, "com muita propriedade, se podiam comparar com os dos Cânticos dos Cânticos". Na dialética gozo e sofrimento, Maria de Araújo continuava a ser vítima de tentações diabólicas, sendo muitas vezes "espancada pelos demônios que se disfarçavam, ora na pessoa de Jesus Cristo, ora na da Santíssima Virgem, ora em anjos e na do próprio confessor, das quais tentações e ilusões muitas, todas no sentido de distraí-la da vida interior, se livrara ela recitando a oração já acima exposta" (*Cópia autêntica do processo*). É importante salientar que os processos aqui estudados evidenciam a cumplicidade entre os padres e suas confessadas, deixando claro que as virtudes das beatas eram tributárias do carisma de seus diretores espirituais. As raízes que ligavam padres e beatas eram complexas, e a sexualidade exercia papel preponderante em um processo de mão dupla, que servia a objetivos políticos muito mais extensos do que a mera união amorosa entre duas pessoas poderia deixar entrever.

Não se pode afirmar com precisão se o aumento do número de beatas se explica por meio da experiência da beatice bem sucedida ou pela repressão à feitiçaria, ambas amplamente divulgadas pela Igreja, que constituía a grande instância ideológica da época. As beatas e as feiticeiras são produtos das condições da época, mas, ao mesmo tempo, entendemos que elas souberam se aproveitar das circunstâncias históricas em benefício pessoal. Transfiguradas em personagens mágicas, numerosas mulheres conseguiram se incluir na pauta social de valores, liderando indivíduos das mais diversas origens, até o momento em que foram acusadas pelo poder eclesiástico de serem responsáveis por atos nocivos ou anti-sociais. Retratos da loucura e também da misoginia social, as beatas têm capturado a atenção do público desde a Idade Média até os dias de hoje. Uma delas, Madre Teresa, deixou duas cartas que integram sua sentença. A primeira carta, escrita da "Ilha Infernal", conclama seus algozes a se reunirem com ela, bem como os estudantes que lhe desejavam boa viagem durante o auto-de-fé do qual participou, assim como o negro que a açoitava e que a fazia se lembrar das carícias de Frei Manuel. A segunda carta é notável por ignorar o pacto de sigilo perpétuo sobre o que se passava nos cárceres da Inquisição com os réus perdoados. Madre Teresa, demonstrando uma personalidade irreverente e bem-humorada, narra toda sua história em versos, indicando as estratégias que adotou para escapar da condenação à morte. Para os pesquisadores interessados em estudos de gênero, prestou uma notável contribuição ao esboçar sua imagem de mulher e de beata nos ásperos tempos da Inquisição.

Notas

[1] Os documentos citados neste artigo não estão indexados. Trata-se de folhas manuscritas não numeradas, que permitem apenas a referência ao arquivo em que se encontram.

[2] Complexo de feiticeira, baseado no mito ancestral que vê a mulher como a intermediária entre o humano e o divino. Deste mito, por exemplo, decorre a idéia do sexto sentido feminino.

[3] "As neuroses da infância ensinaram-nos que nelas pode ser percebida facilmente a olho nu uma série de coisas que, em idade posterior, só se pode descobrir após investigação exaustiva. Podemos esperar que isso mesmo seja verdade quanto às doenças neuróticas em séculos anteriores, desde que estejamos preparados para reconhecê-las sob outros nomes que não os de nossas neuroses atuais. [...] Diversos autores, e dentre eles Charcot é o principal, identificaram, como sabemos, manifestações de histeria nos retratos de possessão e êxtase que nos foram preservados nas produções artísticas. Se se tivesse concedido maior atenção às histórias de tais casos na época, não teria sido difícil retraçar neles o tema geral de uma neurose" (Freud 9).

[4] Ao lado de quarenta e um homens penitenciados, dos quais apenas dois por feitiçaria (Almeida 286-318).

[5] O relato baseia-se nos fatos contidos na sentença eclesiástica e utiliza-se de uma linguagem parafraseada.

Referências Bibliográficas

Almeida, Fortunato de. *História da Igreja em Portugal.* Nova edição dirigida por Damião Peres. Porto: Portucalense, 1971.

Cópia autêntica do processo instruído sobre os fatos do Joazeiro. Inquérito promovido pelo Comissariado Eclesiástico. Manuscrito. Arquivo Eclesiástico do Ceará, Juazeiro do Norte, Ceará, Brasil, 1891.

Delumeau, Jean. *La peur en Occident (XIVe-XVIIIe siècles). Une cité assiégée.* Paris: Fayard, 1978.

Freud, Sigmund. *Uma neurose demoníaca do século XVII e outros trabalhos.* Rio de Janeiro: Imago, 1976.

Ginzburg, Carlo. *O fio e os rastros. Verdadeiro, falso, fictício.* São Paulo: Companhia das Letras, 2006.

Sentença de Madalena da Cruz e sua confissão. Manuscrito. Biblioteca Pública e Arquivo Distrital de Évora, Évora, Portugal.

Sentença de Maria da Visitação, prioreza que foi do Mosteiro da Anunciada desta cidade de Lisboa. Manuscrito. Biblioteca Pública e Arquivo Distrital de Évora, Évora, Portugal.

Sentença de Tereza Maria de S. José, aliás Madre Teresa. Manuscrito. Biblioteca Pública e Arquivo Distrital de Évora, Évora, Portugal.

Gender and Madness/
Gênero e Loucura

As Musas de João do Rio: Mulheres Renegadas da *Belle Époque* sob o Olhar de um *Flâneur* Tropical

Saulo Gouveia
Michigan State University

Talvez mais que de outros autores da mesma época, a vida privada e pública de Paulo Barreto (1881-1921), cujo pseudônimo mais reconhecido é João do Rio, sempre foi alvo de muita especulação. O autor tem sido representado, ainda recentemente, de forma simplista como um "dândi identificado com os valores aristocráticos de uma elite vanguardista e que percorreu antros da boemia" (Alvito e Zaluar 17). Antes do surgimento de um corpus de trabalhos críticos sobre a obra do autor, já se havia publicado um estranho "tratado de psiquiatria" que apontava sérios desvios de sua personalidade (e indiretamente de sua sexualidade, então considerada perversa) através da análise de alguns de seus textos (Neves-Manta). A menção ao livro de Neves-Manta é importante por evidenciar a forma com que João do Rio foi discriminado como autor[1]. Considerado por muitos um desvairado, o mais inovador repórter e cronista da virada para o século XX foi jogado na vala comum dos autores considerados menores e excluído do cânone literário brasileiro.

Durante décadas, a recepção crítica da obra de João do Rio foi mínima. Em 1978, o autor finalmente ganha uma biografia robusta (Magalhães Júnior). No mesmo ano, Carmem Lúcia Tindó Secco[2] publica o primeiro estudo acadêmico mais aprofundado de sua obra. Com exceção desse estudo e de uma introdução de Luiz Martins à antologia da obra de João do Rio (1971), o tom da crítica durante a maior parte do século XX foi de forte rejeição e de desqualificação de sua pessoa e produção intelectual[3]. Este é um estudo sobre um autor rejeitado pela crítica e que, por sua vez, procurou representar aqueles que eram também rejeitados na *Belle Époque* carioca. A primeira parte deste ensaio trata da recepção e dos traços gerais da obra de João do Rio, enquanto a segunda parte é uma análise de três crônicas de sua autoria sobre mulheres, publicadas em *A alma encantadora das ruas*: "As mariposas do luxo", "Mulheres mendigas" e "Mulheres detentas". Essas três crônicas retratam mulheres em situações precárias, no limiar do que na época se definia como razão.

O Resgate de João do Rio

Muito se tem escrito sobre a vida e a obra de João do Rio nos últimos anos. O resgate da obra multifacetada desse repórter, cronista, contista, romancista, teatrólogo e *flâneur* tem sido feito através de várias perspectivas. A produção crítica recente procura restituir a integridade intelectual do autor e desfazer a imagem negativa construída a seu respeito. Continua-se ainda a enfatizar aspectos tidos como excepcionais da carreira e vida pessoal do autor. Sua homossexualidade (Magalhães Junior 1978, Rodrigues 1996), sua máscara de dândi em uma era de falsa prosperidade (Antelo 1989), sua mulatice e obesidade, assim como a fragilidade de sua saúde (Rodrigues 1996) já foram cuidadosamente examinadas. Esses e muitos outros aspectos biográficos surgem como componentes essenciais à análise crítica de sua obra, talvez porque esta tenha sido construída a partir da experiência pessoal do repórter e *flâneur*, observador privilegiado da vida urbana. Há também um nítido esforço em reconhecer o mérito do autor por seu pioneirismo na crônica jornalística moderna no Brasil (Antelo 1989, Gomes 1996 e 2006) e por sua abordagem do impacto das transformações tecnológicas que marcaram o país no início do século XX (Süssekind 1987). Antônio Arnoni Prado chamou atenção para o fato de que as crônicas de João do Rio são instrumentos fundamentais para a compreensão de aspectos sociais daquela época no Brasil, especialmente por sua representação dos pobres da *Belle Époque* carioca (Prado 69-72). Já João Carlos Rodrigues recupera a obra de João do Rio como inspiradora da contra-cultura dos anos setenta e seu autor como um pioneiro de uma escrita homoerótica no Brasil (1981, 1996).

O empenho de João Carlos Rodrigues em transformar João do Rio em ícone gay da literatura brasileira pode, no entanto, resultar em um indesejável empobrecimento do legado intelectual do autor[4]. Os contos que Rodrigues inclui na antologia *Histórias da gente alegre* abordam temas relacionados à homossexualidade masculina e expressam o interesse de João do Rio por sexualidades alternativas. Entretanto, a homossexualidade como tema só surge explicitamente em um dos contos de *Dentro da noite*. Portanto, é preciso cuidado para que essa faceta relevante não se torne o aspecto dominante na leitura crítica da obra de João do Rio.

Sem discordar completamente do argumento de Rodrigues, prefiro ver a obra de João do Rio de uma forma mais abrangente, não só como expressão de uma subjetividade homossexual, mas, sobretudo, como produção de um intelectual com um projeto bem definido e ousado, em busca da diferença, da face obscura de qualquer aspecto social, cultural, histórico ou religioso[5]. Como o mais importante repórter de então, João do Rio retrata as condições de vida de segmentos pouco conhecidos da sociedade, como trabalhadores braçais, moradores das favelas, crianças e mulheres mendigas, imigrantes, músicos ambulantes, artistas de rua, viciados em drogas e detentos (tanto homens como mulheres) no limite da sanidade mental. Acima de tudo, João do Rio se recusa a apresentar esses segmentos sociais como problemas ou como detritos da reforma urbana. O repórter teve o cuidado de dar uma feição humana a esses tipos e de analisar cada um dos tópicos levando em consideração especificidades de gênero. Assim, a escrita de João do Rio se distancia da visão masculina e dominante da época. Suas crônicas e contos, principalmente da fase inicial de sua carreira, organizam-se quase como uma contra-narrativa que desafia a tônica grandiosa e celebratória predominante do discurso intelectual da virada do século.

Assim sendo, a distinção proposta pelo crítico Homi Bhabha entre discursos pedagógicos e performativos de identidade nacional se aplica bem ao caso de João do Rio. Em "DissemiNação", capítulo de *O local da cultura*, Bhabha identifica duas temporalidades ambivalentes que estruturam o discurso a respeito da identidade nacional da nação moderna: o discurso pedagógico, que constrói uma autoridade narrativa através de um processo de acumulação de momentos históricos que representam uma eternidade auto-geradora; e o discurso performativo, que opera através de um processo recursivo e recorrente (206)[6]. Bhabha argumenta que o discurso performativo introduz uma temporalidade das lacunas que o discurso pedagógico não reconhece:

> No lugar da polaridade de uma nação prefigurativa autogeradora "em si mesma" e de outras nações extrínsecas, o performativo introduz a temporalidade do entre-lugar. A fronteira que assinala a individualidade da nação interrompe o significado do povo como homogêneo. O problema não é alteridade de outras nações. Estamos diante da nação dividida no interior dela própria, articulando a heterogeneidade de sua população. A nação barrada Ela/Própria, alienada de sua eterna autogeração, torna-se um espaço liminar de significação, que é marcado internamente pelos discursos de minorias, pelas histórias heterogêneas de povos em disputa por autoridades antagônicas e por locais tensos de diferença cultural. (209-10)

É preciso esclarecer que as crônicas de João do Rio não são exatamente a expressão mais genuína dos discursos das minorias oprimidas, mas sim uma representação, um olhar inquisitivo sobre essa realidade. A posição social de João do Rio é complexa já que ele mesmo se enquadra em diversas minorias[7], e sua prosa problematiza essa contradição: o autor busca a aceitação no meio literário e social da elite carioca;

por outro lado, ele constrói uma obra que é expressão das diferenças e crítica ao discurso pedagógico e homogeneizante da época. A prosa performativa de João do Rio introduz a dúvida ao representar aquilo que não cabe no discurso que concebe a história como uma sucessão de grandes momentos. João do Rio se estabelece com a publicação de seus dois primeiros livros no início do século XX: *As religiões no Rio* (1904) e *A alma encantadora das ruas* (1908). Ambos trazem à tona o lado marginal, os subalternos da *Belle Époque*, e evidenciam conflitos causados pela diversidade social, cultural, étnica e religiosa do Rio de Janeiro. No primeiro livro, o autor faz uma breve apresentação das religiões que desafiavam a supremacia católica. No segundo, ele representa segmentos sociais privados dos benefícios da modernização conservadora e elitista que então se impunha.

Percebendo que o projeto oficial de modernização buscava a eliminação de resíduos indesejáveis do legado colonial brasileiro, João do Rio retratou a vida e as atividades daqueles que não tinham voz política. Os textos de *A alma encantadora das ruas* tematizam o diaspórico, o elemento não-europeu da cultura brasileira, o reprimido, o transitório, o indigente, os ambulantes, as mulheres e as crianças exploradas. Temas como a pobreza, a loucura, o vício, o desespero, a prostituição, a exploração, a corrupção e o alcoolismo compõem esse projeto de contra-narrativa histórica. Entretanto, João do Rio não enfatiza somente o lado negativo da modernização, nem é unicamente o repórter dos renegados. É mais apropriado defini-lo como o repórter das minúcias, dos detalhes, dos segredos, enfim, daquilo que era elidido no discurso dominante veiculado pela imprensa e pelo aparato cultural do estado que começava a se delinear. A perversidade e a decadência física e moral, temas que o atraíam, eram observadas não somente em meio às classes desprivilegiadas. É dessa maneira ambígua que o trabalho de João do Rio se aproxima do de seus contemporâneos mais críticos e céticos com respeito ao frenético espetáculo da *Belle Époque*. Intelectuais como Machado de Assis, Euclides da

Cunha e Lima Barreto foram alguns dos poucos que tiveram a coragem de divergir da euforia dominante e denunciar os abusos cometidos na época. Enquanto a maioria dos pensadores, como Olavo Bilac, incondicionalmente elogiava a política de "regeneração" da cidade do Rio de Janeiro, João do Rio, sem se posicionar claramente como intelectual de esquerda, introduz uma nota dissonante, evidenciando elementos heterogêneos da sociedade que não encontravam representação no discurso homogeneizador de apologia do saneamento, do progresso e da modernização.

As Mulheres de João do Rio

Em muitas de suas crônicas e reportagens, João do Rio demonstra como a imposição de uma modernidade superficial e discriminadora afeta de maneira adversa as mulheres, especialmente as das classes mais baixas. Em *A alma encantadora das ruas*, João do Rio inclui três crônicas dedicadas às mulheres que ele observa nas ruas do Rio de Janeiro no início do século. "As mariposas do luxo", "As mulheres mendigas" e "Mulheres detentas" são narrativas curtas em que o repórter acompanha a trajetória de personagens desde a mendicância até o encarceramento. Estas mulheres são observadas em situações estressantes causadas pelo aumento das pressões sociais, e sua experiência se situa no limite da sanidade mental. As três crônicas tratam da frustração e da perplexidade de personagens femininas diante de uma nova ordem social e formam uma narrativa maior da degradação social e do agravamento das condições físicas e mentais das mulheres pobres no início do século XX. Apesar de não haver uma relação de causa e efeito entre essas narrativas — são três momentos e três grupos distintos de pessoas observadas em espaços também distintos —, há, entretanto, um sutil fio condutor ligando essas três crônicas: a reificação da experiência diária das mulheres da classe baixa no período histórico retratado.

Na introdução a *João do Rio: uma antologia*, Luiz Martins assinala o tom de denúncia e o ativismo político do jornalismo praticado por João do Rio:

> Contrariando os preconceitos de uma sociedade ainda estruturada em bases patriarcais, [João do Rio] apoiou as primeiras reivindicações do movimento feminista no Brasil, reconhecendo à mulher o direito de ganhar honestamente a vida, com o trabalho. Nas sensacionais reportagens que figuram na *Alma encantadora das ruas*, reclamou a reforma do nosso sistema penitenciário. Insurgiu-se contra a exploração dos menores pela falsa mendicância, organizada e profissional, que então se ostentava às escâncaras no Rio. (14)

É esse lado reivindicante do autor que vai transparecer nas crônicas que analiso neste ensaio. Apesar de ser considerado um intelectual conservador, João do Rio teve sensibilidade suficiente para apontar os abusos contra os mais fracos sem cair no erro de culpá-los pela própria desgraça, como o fazem outros autores da mesma época. O que o jornalista percebe ao visitar os cárceres do Rio de Janeiro é o tratamento desumano e o encarceramento de doentes mentais e viciados advindos em sua maioria de classes menos favorecidas economicamente.

Cabe aqui lembrar o argumento de Michel Foucault em relação às alterações da forma como se lida com questões como a loucura e a pobreza. Em *History of Madness*[8], Foucault argumenta que no Renascimento se inicia um processo de separação e oposição entre razão e loucura que levará à criação de grandes centros de confinamento em toda a Europa. Nesses locais, abrigavam-se não somente aqueles considerados loucos, mas também um enorme contingente de desordeiros, alcoólatras, homossexuais e pessoas desempregadas. A lógica que rege esse movimento é, portanto, também econômica. Foucault aponta como conseqüência desses experimentos uma grande mudança na sensibilidade cultural de todo o oeste europeu em direção a uma crescente intolerância com respeito àqueles que não se adequavam à ordem burguesa:

> The practice of confinement demonstrates a new reaction to poverty and indigence, a strange, novel form of pathos, a different relationship between mankind and all that can be inhuman in his existence. In the course of the sixteenth century, the figure of the pauper, and those who could not be responsible for their own existence, gradually assumed a role that the Middle Ages would have failed to recognize altogether.
> The Renaissance had stripped poverty of what had previously been a positive, mystical charge. (55)

De acordo com Foucault, esse processo atinge seu apogeu no fim do século XIX, quando os discursos médico/científico, jurídico e ideológico trazem à tona questões de moralidade no tratamento de doenças mentais, favorecendo a criação dos asilos de loucos nos moldes ditados pelo psiquiatra Philippe Pinel, na França. Foucault observa também que, desde o estabelecimento das primeiras instituições de confinamento, houve uma justaposição da loucura com a mendicidade, a indigência, a homossexualidade e outros comportamentos então considerados aberrantes. Ou seja, no discurso médico, a categoria loucura incluía uma ampla gama de características categorizadas como desvios comportamentais[9].

É exatamente esse período do auge do Positivismo no Brasil, marcado por um processo de patologização e criminalização da pobreza e mendicância, que João do Rio testemunha. Ou seja, o que o repórter registra não é simplesmente uma mudança no comportamento feminino, mas também as alterações na percepção e nos parâmetros do que se considera normal ou aceitável, patológico ou desordeiro[10]. Comportamentos que antes das reformas urbanas da virada do século eram tolerados passam a ser percebidos, em curto espaço de tempo, como indesejáveis, repreensíveis e até mesmo criminosos.

As crônicas de *A alma encantadora das ruas* estão repletas de exemplos de uma nova sensibilidade cultural. João do Rio não constrói suas narrativas a partir de uma visão teórica pré-estabelecida sobre os fenômenos observados. Tampouco propõe teses a partir de suas observações. As crônicas reunidas nesse livro podem ser comparadas a instantâneos do cotidiano, captando o movimento, as atitudes e os sentimentos daqueles que não tinham voz. O repórter revela uma visão crítica aguçada ao observar que o aparentemente aumento da "decadência" também é resultado de uma alteração dos padrões de comportamento social. Ou seja, a introdução do estilo de vida burguês só aumentava o contraste entre as classes mais baixas e a classe de novos ricos que florescia na época[11]. Em "As mariposas do luxo", João do Rio registra como algumas mulheres humildes tentam se adequar aos novos parâmetros de higiene, aparência e decoro:

> Mas essa miséria é limpa, escovada. As botas brilham, a saia não tem uma poeira, as mãos foram cuidadas. Há nos lóbulos de algumas orelhas brincos simples, fechando as blusas lavadinhas, broches "montana", donde escorre o fio de uma chatelaine. [...] Quantos sacrifícios essa limpeza não representa? Quantas concessões não atestam, talvez, os modestos pechisbeques! (127)

A limpeza a que o repórter se refere nesse trecho refere-se tanto ao asseio dessas moças quanto à limpeza urbana e ao esforço público de impor um novo critério de higiene pública e de manter uma aparência de total renovação da cidade. O que João do Rio capta na passagem citada é o esforço dessas mulheres em mascarar sua pobreza. Tendo passado a valorizar a aparência pessoal, estas internalizaram também um sentimento de inadequação e de inferioridade. Sentem vergonha de serem pobres e procuram adequar-se às novas exigências de higiene, escondendo com meras alterações cosméticas os traços mais visíveis de sua condição.

Ainda em "As mariposas do luxo", João do Rio observa o movimento na Rua do Ouvidor, que, em 1907, data em que a crônica foi publicada pela primeira vez, era uma das principais passarelas da moda, um dos pontos bastante afetados pelas reformas urbanas no Rio, mas também uma das áreas por onde circulavam pessoas das mais diversas classes sociais. Logo na abertura da crônica, capta-se o dinamismo da Rua do Ouvidor, um espaço de transição onde a nova ordem burguesa é constantemente perturbada por hábitos antigos e grupos que não fazem parte dos rituais de progresso e prosperidade que se encenam nas ruas do centro do Rio. O repórter opta por enfocar um grupo de mulheres operárias:

> Já passaram as *professional beauties*, cujos nomes os jornais citam; já voltaram da sua hora de costureiro ou de joalheiro as damas do alto tom; e os nomes condecorados da Finança e os condes do Vaticano e os rapazes elegantes e os deliciosos vestidos claros airosamente ondulantes já se sumiram, levados pelos "autos", pelas parelhas fidalgas, pelos bondes burgueses. A rua tem de tudo isso uma vaga impressão, como se estivesse sob o domínio da alucinação, vendo passar um préstito que já passou. Há um hiato na feira das vaidades: sem literatos, sem poses, sem *flirts*. Passam apenas trabalhadores de volta da faina e operárias que mourejaram todo o dia. (126)

O que segue são descrições e reflexões sobre o comportamento dessas trabalhadoras atraídas pelo brilho das vitrines das lojas. Essas vitrines expõem mercadorias fora do alcance das operárias e funcionam como janelas para um mundo desconhecido, fascinante e intangível. Com um misto de puro encantamento, vergonha e resignação, essas mulheres retornam às vitrines diariamente para viver um sonho efêmero de consumo, para imaginarem-se em um mundo de prosperidade e de felicidade plena. Esse mundo burguês as atrai e as rejeita ao mesmo tempo. É esse conflito básico que João do Rio aborda nessa crônica.

O repórter observa que o comportamento das mulheres operárias é bastante distinto do dos operários. Os homens que retornam do trabalho pesado passam rapidamente pela rua sem prestar atenção às lojas, conversando ou calados, mas determinados a chegar ao seu destino. As mulheres, por outro lado, vêm lentamente, pousando de vitrine em vitrine, cochichando seus desejos secretos às amigas, expressando seu encantamento pelas mercadorias expostas. A impossibilidade de tornarem-se consumidoras dos produtos das vitrines obviamente gera frustração entre essas moças, que se perguntam:

— [...] Olhe aquela florzinha. Só uma, por vinte mil réis.
— Você acha que comprem?
— Ora, para essas moças... os homens compram tudo. (129)

Tanto a pergunta quanto a resposta que as moças formulam demonstram o quanto elas se sentem excluídas do universo do consumo, e como elas sabem que não podem sequer sonhar com tais objetos. Mas, sobretudo, a passagem demonstra o sentimento de inferioridade das operárias em relação às moças da sociedade para as quais os homens supostamente comprariam os objetos de luxo das vitrines. É esse sentimento de inferioridade e a permanência do desejo de consumo que João do Rio registra na conclusão da crônica. As operárias se vão de mãos vazias, mas certamente voltarão no próximo dia para apreciar as vitrines com suas promessas de felicidade. Outros conflitos e tensões, com uma carga dramática ainda maior, serão registrados nas demais crônicas sobre mulheres do mesmo livro.

Situação bem mais complicada e tensa é contemplada, por exemplo, na crônica "As mulheres mendigas". Nela, João do Rio desce mais um degrau na escala social para verificar a situação das mulheres que viviam da mendicância. É com um misto de compaixão e cinismo que o autor define os vários grupos de mulheres mendigas. O primeiro grupo observado é o das mendigas profissionais, aquelas que, de acordo com o autor, levam uma vida normal, têm casa, família e saúde. Muitas se dizem viúvas. De acordo com o repórter, elas optam por trabalhar como mendigas para sustentar a família, evitando o trabalho pesado e enfadonho realizado por operárias, empregadas domésticas e lavadeiras (para citar somente algumas das ocupações mais comuns às mulheres das classes mais baixas). Nesse caso, a mendicância é vista simplesmente como uma atividade lucrativa de exploração dos sentimentos de culpa e compaixão das pessoas de posição social mais privilegiada. Esse primeiro grupo consiste, assim, em atrizes que forjam uma identidade e uma história pessoal trágica repletas de doenças incuráveis e outros infortúnios, mas que, em realidade, têm uma rotina bem estabelecida e a mesma disciplina das trabalhadoras regulares:

> Têm, naturalmente, uma vida regrada a cronômetro suíço, criaturas tão convencidas do seu ofício. Saem de casa às 6 da manhã, ouvem missa devotamente porque acreditam em Deus e usam ao peito medalhinhas de santos. [...] A maior parte dessas senhoras não sofre moléstia alguma; sustenta a casa arrumadinha, canja aos domingos, fatiotas novas para os grandes dias. São, ou dizem-se, quase sempre viúvas. [...]
> A d. Rosa, para dizer o seu nome e a inaudita felicidade da vida numa rede de mentiras, arrancou-me cinco mil réis, com precipitação, arte e destreza tais que, quando dei por mim, já ia longe com os petizes e a nota. (152-53)

Nessa passagem, percebe-se a ironia e o cinismo do autor. O tema central da crônica não é propriamente o fenômeno da mendicância ligada à pobreza, mas sim como nova estratégia de sobrevivência nas ruas e como exploração criminosa. A reconfiguração do espaço urbano permite a proliferação desse tipo de crime e exige atenção dobrada para discernir entre a pobreza verdadeira e a exploração. O autor demonstra sua sagacidade e oferece ao leitor mais uma faceta da vida nas ruas. As falsas mendigas, em vez de serem descritas como vítimas, são aqui representadas como um exemplo desconcertante de adaptação à nova ordem capitalista. Elas já incorporaram os horários rígidos e as longas jornadas de trabalho, e empregam técnicas dignas de vendedores profissionais para ganhar a vida. Seu produto é a miséria e seu consumidor-alvo é o burguês com sentimento de culpa. Entretanto, nem toda mendicância observada aqui é totalmente falsa. Nessa mesma crônica, o segundo grupo mendicante que João do Rio enfoca é o de mulheres que são forçadas a mendigar por um marido, amante explorador ou cafetão. Essas também mentem sobre sua saúde e sua história pessoal e são exploradas por algum homem:

> As mendigas alugadas são em geral raparigas com disposições lamurientas, velhas cabulosas aproveitadas pelos agentes da falsa mendicidade, com ordenado fixo e porcentagem sobre a receita. Encontrei duas moças — uma de Minas, outra da Bahia —, Albertina e Josepha, e um bando de velhas nesse emprego. As raparigas são uma espécie de pupilas da sra. Genoveva que mora na Gamboa. Josepha, picada de bexiga, só espera o meio de se ver fora do jugo; Albertina, tísica, tossindo e escarrando, apresenta um atestado que a dá por mãe de três filhos. (154)

Essa é mais uma das situações trágicas enfrentadas por mulheres e crianças no contexto da modernização das cidades. Mais uma vez, João do Rio altera o foco de sua narrativa ao reforçar a noção de que, nesse caso, a mendicância tem a ver mais com o abuso contra as mulheres do que propriamente com a pobreza. A mendicidade tem, portanto, causas diversas, que são ocultas por imagens da miséria urbana, que, apesar de impressionantes, têm um efeito homogeneizador e generalizante. Aquilo que percebemos a princípio como manifestação da brutal disparidade de classes no Brasil tem ramificações que apontam também para a desigualdade entre homens e mulheres. Esta crônica focaliza não só a miséria, mas a miséria dentro da miséria, ou seja, a crueldade e o abuso praticados entre membros de classes desprivilegiadas[12].

É somente nas últimas páginas de "As mulheres mendigas" que João do Rio investiga o grupo das "verdadeiras" mendigas. Esse grupo é formado por aquelas cuja saúde já se havia deteriorado a ponto de não lhes permitir trabalhar. O perfil dessas mulheres é completamente diferente das demais mendigas. Sua fragilidade física é visível: o alcoolismo e outros vícios as impedem de trabalhar. Essas mulheres não apresentam a voracidade e a ambição das "falsas" mendigas:

> Do fundo desse emaranhamento de vício, de malandragem, gatunice, as mulheres realmente miseráveis são em número muito maior que se pensa, criaturas que rolaram por todas as infâmias e já não sentem, já não pensam, despidas da graça e do pudor. Para estas basta um pão enlameado e um níquel; basta um copo de álcool para as ver taramelar, recordando a existência passada. [...]
> Vivem nas praças, no Campo da Aclamação; dormem nos morros, nos subúrbios, passam à beira dos kiosques, na Saúde, em S. Diogo, nos grandes centros de multidões baixas, apanhando as migalhas dos pobres e olhando com avidez o café das companheiras. (155)

Nesse momento, o tom da narrativa se torna mais sério. Quando o assunto é a mendicidade aliada à miséria, o repórter deixa de lado o cinismo que até então permeia sua crônica. Estas "verdadeiras" mendigas sofrem de baixa auto-estima e são desprovidas de ambição. Não apresentam a agressividade observada nas demais mendigas descritas por João do Rio. Em sua opinião, elas deveriam estar internadas em uma casa de saúde, e não raro terminam em uma penitenciária[13].

Na última seção do livro, "Onde às vezes termina a rua", João do Rio visita a ala feminina de um presídio. Estão ali, na data da publicação original de "Mulheres detentas"[14], cinqüenta e oito mulheres. O repórter alega ter visto algumas dessas mulheres "noutra prisão, no pátio dos delírios, no Hospício" (194). Logo no início da crônica, João do Rio conversa com o famoso médico e literato, Dr. Afrânio Peixoto, que na época trabalhava nessa instituição. Peixoto declara que muitas das mulheres ali são pacientes antigas: "Há algumas que têm quatro ou cinco entradas aqui. Saem, tornam a beber e voltam fatalmente" (194). A simples presença de um médico (psiquiatra e legista) no pátio dessa casa de detenção é fato que pode ser interpretado como indício do processo de patologização e criminalização da indigência que Foucault ressalta. Afrânio Peixoto, antes de se tornar um escritor premiado, praticava medicina. Curiosamente, Peixoto já havia escrito e defendido uma tese, cujo título, *Epilepsia e crime*[15], sugere uma relação intrínseca entre problemas mentais e criminalidade. Embora não seja o objetivo deste estudo julgar o conteúdo de tal tese, ela parece refletir a mentalidade positivista de intolerância com relação a comportamentos desviantes por meio da patologização da loucura e da criminalização da pobreza.

De volta à narrativa de João do Rio, não é de se surpreender que o escritor constate que a maioria das mulheres que se encontram ali presas apresentam problemas de saúde crônicos que as mantêm em um ciclo vicioso entre a rua, o manicômio e a cadeia: "o álcool ou a preparava para a tísica rápida ou, dias depois, a atiraria irremissivelmente para o manicômio" (195). O repórter comenta, também sem demonstrar surpresa, que muitas mulheres ali haviam cometido crimes por motivos fúteis, que pequenas brigas conjugais as haviam tornado violentas, ou que haviam sido presas por simples "intolerância dos inspetores", ou ainda por "vingança de algum soldadinho apaixonado" (195). Eram quase todas moradoras do Morro da Favela e, portanto, não tinham a proteção de familiares ou amigos influentes, nem poder para se defender da ação repressora da polícia.

Dentre as várias entrevistas conduzidas por João do Rio no presídio de mulheres, a que se destaca, exatamente por ser uma exceção à regra da repressão à pobreza, relata a história de Maria José Correia. Ela se identifica como ex-professora da rede pública, surpreendendo o repórter por sua eloqüência e por sua face de "burguesa honesta", ao solicitar-lhe que publique seu pedido de perdão às autoridades: "O ódio de um inspetor, a falta de amigos e de proteção reduziram-me a este lamentável estado. Venho da colônia. Não me trataram como uma presa, trataram-me como uma pessoa digna de piedade. E apesar disso eu estou assim. Perdão para mim!" (198). O apelo desesperado dessa mulher educada, que educava outras na cadeia, sensibiliza o repórter, que se questiona a respeito das circunstâncias por trás de seu encarceramento e da decadência de sua saúde física e mental: "Deus Misericordioso! Que fatalidade sinistra arremessara aquele pobre ente inteligente, descendente de uma família honesta, à tropilha de uma colônia correcional?" (198). Infelizmente, essa é uma pergunta que todos nós faríamos ainda hoje a respeito de inúmeras presidiárias.

Embora seja essa a questão que primeiro nos venha à mente em casos como os de Maria José Correia, o mais intrigante talvez seja a naturalidade com que presumimos ser comum uma mulher pobre e com pouca educação estar encarcerada. Ao admitir que essa presidiária educada e de classe média é uma exceção à regra (mesmo se estivéssemos falando de uma realidade do século XXI), revelam-se nossos próprios preconceitos. E, por extensão, na pergunta de João do Rio, manifesta-se, acima de tudo, os preconceitos de classe do autor. A postura do repórter em relação às presas miseráveis, moradoras da favela, é de aceitação. Por outro lado, os termos superlativos e o tom emocional da narrativa a respeito de Maria José Correia denotam a indignação do autor diante do trágico destino de uma mulher de classe média e de "família honesta", como se as demais presas viessem de famílias desonestas e, por isso, de certa forma, merecessem estar ali.

Entretanto, são momentos como esses na prosa de João do Rio que fazem dele um autor complexo e de sua obra um vasto manancial de comentário social ainda muito atual, que nos revela muito sobre o Rio de Janeiro e o Brasil do passado e de hoje. João do Rio deixou textos cheios de contradições. E são essas inconsistências do ponto de vista do rigor metodológico, ou da fidelidade a uma ideologia ou a uma posição política bem definidas que tornam seus textos mais reveladores. Sem lealdade incondicional a uma ideologia pré-estabelecida ou a um programa nacionalista rígido, o autor deixa transparecer as limitações de sua própria formação como intelectual. Essa aparente "falha" é, a meu ver, um dos aspectos mais interessantes de seu trabalho.

Analisei neste ensaio como João do Rio lança um olhar incisivo sobre questões femininas pouco discutidas na literatura de sua época. O maior repórter da *Belle Époque* tropical revelou preconceitos, abusos e tragédias diárias, aspectos que no trabalho de outros intelectuais permanecem encobertos sob a camada espessa do aparato teórico e ideológico fornecido pelo Positivismo. O objeto de suas observações nas três crônicas estudadas aqui são as mulheres de classes sociais desprivilegiadas economicamente e que se encontravam em situações difíceis. Desde uma recente fixação feminina com as vitrines, passando pela mendicância "profissional" ou "verdadeira" de outras mulheres, até seu confinamento em presídios, o repórter revela aquilo que não se capta com um olhar displicente.

Através dos textos de João do Rio, o leitor testemunha os efeitos mais cruéis da modernização imposta no Rio de Janeiro da virada para o século XX. Por detrás das fachadas *art nouveau* e das máscaras sociais que ratificam as noções de prosperidade e progresso, o repórter revela a brutalidade e o absurdo da vida moderna, com ênfase nas injustiças sofridas pelos mais fracos, ou melhor, no caso particular das crônicas analisadas aqui, as mais fracas. Os retratos por ele traçados realçam o que havia de mais delicado e humano na experiência daquelas humildes senhoras que não possuíam voz política. Justamente por ter sido ele próprio um indivíduo que sofreu discriminação racial e sexual, João do Rio demonstra um interesse especial e uma habilidade extraordinária para tratar dos excluídos da *Belle Époque*. Entretanto, não devemos reduzir sua prosa aos aspectos biográficos que ela espelha. O projeto jornalístico, literário e cultural de João do Rio é muito mais vasto e complexo. Seu ímpeto de denunciar as atrocidades intrínsecas a certas instituições e ao projeto de modernização da capital brasileira reflete, antes de mais nada, sua postura e sua consciência ética como intelectual.

Notas

[1] O livro de Iedo Neves-Manta é de difícil compreensão e nele transparece certa hostilidade à personalidade intelectual de João do Rio. Em "A flor e o espinho", ensaio que serve de introdução à compilação de contos *Histórias da gente alegre*, João Carlos Rodrigues ressalta que o parecer de Medeiros de Albuquerque sobre a obra de Neves-Manta é o melhor resumo do livro: "quando [...] se lê o volume, o que se acha de mais patológico não é o analisado, mas o analista" (xvi).

[2] O livro *Morte e prazer no espaço ficcional de* Dentro da noite, de Carmen Lúcia Tindó Secco, foi publicado em 1978, ano que marca o início do resgate concomitante da obra e da biografia de João do Rio. Mas é somente nos anos noventa que há uma diversificação da crítica a respeito da obra do autor.

[3] Da mesma forma que Neves-Manta desqualifica João do Rio como um autor mentalmente incapacitado, o crítico Alceu Amoroso Lima, um dos primeiros a analisar uma obra ficcional do autor, também o desqualifica. Lima aponta para os excessos da prosa de João do Rio como reflexos de uma personalidade desequilibrada e imoral. Em um estudo publicado no periódico *O jornal*, em 1919, e reimpresso no seu *Contribuição à história do modernismo: o premodernismo*, em 1939, Lima afirma a respeito do livro de contos *A mulher e os espelhos* (1919): "Não há talvez neste século literatura mais expressiva do nosso desequilíbrio social e mental do que a do sr. João do Rio [...] [retratando] a mentalidade de um fim de era. Todas as suas seduções-brilho, colorido [...] [e todos] os seus defeitos-ânsia do original, artifício, requinte, amoralismo, realçados uns e outros, pelo instinto demolidor que nele se pode encontrar, revelam uma literatura de decadência ou quando menos de transição" (126, 136).

[4] As evidências de homossexualismo em sua escrita são sublinhadas em *João do Rio: uma biografia* (Rodrigues 35, 64-68, 126-28, 162). O

argumento de Rodrigues é bem fundamentado e sua análise é convincente e provocadora, já que o traço homossexual de sua obra, que antes era considerado o "defeito" do autor, é retomado agora como traço inovador de sua prosa. Embora essa seja uma característica marcante na obra de João do Rio, discordo que toda sua obra possa ser lida como expressão de uma identidade homossexual. Talvez não seja esse o argumento central de Rodrigues, mas sua análise, por ser uma biografia, privilegia aspectos derivados diretamente da vida pessoal de João do Rio.

[5] O impulso que levava João do Rio a buscar a "diferença" pode ser atribuído, em grande parte, ao seu perfil homossexual. Entretanto, a questão, a meu ver, é muito mais complexa. Por exemplo, há também evidência de que esse impulso seja conseqüência de sua postura intelectual, parte de um projeto cultural maior do autor. É necessário avaliar também que esse foi um nicho editorial que o autor encontrou vazio. Ou seja, João do Rio sabia que não existia na época um autor com esse perfil, fator que lhe garantiria espaço no mercado editorial. Além de sua formação positivista, suas influências literárias mais marcantes, como apontadas pelo próprio Rodrigues, vinham das obras de Oscar Wilde, Joris-Karl Huysmans, Jean Lorrain e de outros decadentistas do fim do século XIX.

[6] Bhabha ressalta que o discurso performativo é freqüentemente marcado pela repetição obstinada dos mesmos topoi. Esse aspecto está presente na obra de João do Rio, principalmente nas reportagens e crônicas do início de sua carreira. Em geral, essas narrativas são curtas e têm a mesma estrutura. Iniciam com um diálogo entre o repórter e alguma pessoa que o guiará e o acompanhará até algum reduto obscuro da cidade, seja ele um templo, um cortiço ou uma favela. Terminada a visita, o repórter retorna ao ponto de partida e conclui seu texto. Essa estrutura é bem marcada principalmente nas crônicas de *As religiões no Rio* e de *A alma encantadora das ruas*.

[7] João do Rio pode ser considerado uma figura excepcional em quase todos os aspectos de sua vida. Não são muitos os intelectuais e jornalistas que atingiram o grau de respeito e notoriedade que ele alcançou. Era pouco comum na *Belle Époque* que um mulato, obeso e homossexual tivesse voz nos debates intelectuais.

[8] O título original em francês é *Folie et déraison*. Nele, Foucault remete a uma oposição entre loucura e desrazão, nuance que se perde na tradução ao inglês. Foucault explica o termo *déraison* como uma justaposição de vários tipos de comportamentos sociais considerados inapropriados e que foram tratados de forma indiferenciada como loucura.

[9] Foucault fornece inúmeros exemplos dessa prática em todo o livro, especialmente no segundo capítulo, "The Great Confinement" (44-77).

[10] O exemplo máximo da intolerância ao que era considerado anti-higiênico foi o triste episódio, que eclodiu em 1904 no Rio de Janeiro,

então capital federal. Para uma narração detalhada dos eventos deflagradores desse conflito e uma análise da mentalidade dos agentes da saúde pública, ver Nicolau Sevcenko, *A revolta da vacina* (13-35).

[11] No primeiro capítulo de *Literatura como missão* (35-94), Sevcenko nos dá uma visão abrangente da ascensão de uma burguesia arrivista que se alia a uma elite tecnocrata para implementar as reformas urbanas de forma abrupta e autoritária.

[12] Embora indiretamente, esse aspecto tem a ver também com a obsessão do autor pelo tema das máscaras. Nada é simplesmente aquilo que está claramente à vista. Tudo que ele observa tem uma face encoberta por uma máscara. Suas investigações revelam sempre algum aspecto mórbido e repulsivo de um dado aspecto social escondido sob uma máscara. Aliás, o tema das máscaras merece menção especial em qualquer estudo sobre a obra de João do Rio. Ele está bem mais desenvolvido na prosa ficcional deste autor, e seu melhor exemplo pode ser encontrado no conto "O bebê da tarlatana rosa", de *Dentro da noite* (1910). Também relacionadas às máscaras estão as múltiplas identidades assumidas pelo próprio autor. João do Rio é apenas um entre vários pseudônimos de Paulo Barreto. O aspecto elusivo das identidades mascaradas é central à obra do autor. Para uma apreciação crítica do tema das máscaras em João do Rio, ver os estudos de Raúl Antelo e Carmen Lúcia Tindó Secco.

[13] No processo de confinamento de indigentes, conforme Foucault explica, houve com freqüência uma justaposição entre os argumentos médicos, legais e sanitários para justificar a ação contra esses indivíduos. Ou seja, uma vez que uma pessoa entra na categoria abrangente da desrazão, o destino dela pode ser tanto as penitenciárias como as casas de saúde. Enquanto os manicômios hospedam pessoas com toda sorte de misérias por seus supostos desvios mentais, morais e sexuais, as cadeias muitas vezes abrigam pessoas cujo maior crime é ser pobre, e cujo estado mental mereceria a atenção de um profissional da área da saúde. E a prisão, destino institucional mais comum dos indigentes, é justamente o local que João do Rio escolhe para concluir esse conjunto de narrativas curtas.

[14] Esta crônica foi originalmente publicada na *Gazeta de notícias* em 1905.

[15] A tese de Afrânio Peixoto, defendida em 1898, na Bahia, foi prefaciada pelos doutores Juliano Moreira e Nina Rodrigues. Ver *Afrânio Peixoto: catálogo da exposição* (21).

Referências Bibliográficas

Afrânio Peixoto: catálogo da exposição comemorativa do centenário do nascimento. Rio de Janeiro: Biblioteca Nacional, 1976.

Alvito, Marcos, e Alba Zaluar, eds. *Um século de favela.* Rio de Janeiro: FGV, 1999.

Antelo, Raúl. *João do Rio: o dândi e a especulação*. Rio de Janeiro: Taurus-Timbre, 1989.
Barreto, Paulo. *As religiões no Rio*. 1904. Rio de Janeiro: Organização Simões, 1952.
Bhabha, Homi. *O local da cultura*. Trad. Myriam Ávila, Eliana Reis e Gláucia Gonçalves. Belo Horizonte: UFMG, 2001.
Foucault, Michel. *History of Madness*. Trad. Jonathan Murphy e Jean Khalfa. London: Routledge, 2006.
Gomes, Renato Cordeiro. *João do Rio: vielas do vício, ruas da graça*. Rio de Janeiro: Relume Dumará, 1996.
---. "Cultura de massa, literatura e suportes materiais: a crônica moderna e o Rio de Janeiro". *Brasil/Brazil* 33.19 (2005-2006): 5-21.
Lima, Alceu Amoroso. *Contribuição à história do modernismo: o premodernismo*. Rio de Janeiro: José Olympio, 1939.
Magalhães Junior, Raimundo. *A vida vertiginosa de João do Rio*. Rio de Janeiro: Civilização Brasileira, 1978.
Martins, Luiz. "João do Rio: a vida, o homem, a obra". *João do Rio: uma antologia*. Ed. Luiz Martins. Rio de Janeiro: INL, 1971. 7-17.
Neves-Manta, Iedo de L. *A individualidade e a obra mental de João do Rio em face da psychiatria*. Rio de Janeiro: Imprensa Médica, 1928.
Prado, Antônio Arnoni. "Mutilados da *Belle Époque*. Notas sobre as reportagens de João do Rio". *Os pobres na literatura brasileira*. Ed. Roberto Schwarz. São Paulo: Brasiliense, 1983. 68-72.
Rio, João do. *A alma encantadora das ruas*. 1908. Belo Horizonte: Crisálida, 2007.
Rodrigues, João Carlos. "A flor e o espinho". Introdução. *Histórias da gente alegre*. De João do Rio. Rio de Janeiro: José Olympio, 1981. i-xvi.
---. *João do Rio: uma biografia*. Rio de Janeiro: Topbooks, 1996.
Secco, Carmen Lúcia Tindó. *Morte e prazer no espaço ficcional de* Dentro da noite *(João do Rio)*. Rio de Janeiro: Francisco Alves, 1978.
Sevcenko, Nicolau. *Literatura como missão: tensões sociais e criação cultural na Primeira República*. 1983. São Paulo: Companhia das Letras, 2003.
---. *A revolta da vacina: mentes insanas em corpos rebeldes*. São Paulo: Scipione, 1993.
Süssekind, Flora. *Cinematógrafo de letras: literatura, técnica e modernização no Brasil*. São Paulo: Companhia das Letras, 1987.

The Image on the Wall: Representations of Madness in Charlotte Perkins Gilman's "The Yellow Wallpaper" and in Lya Luft's *O Quarto Fechado*

Regina Lopes dos Santos
Middlebury College, Portuguese Summer School

There has been a tendency among women authors to portray female experiences of mental breakdown in their fictional works, whether based on personal experience or not. Some critics interpret the madness of female characters[1] as symptoms of distress caused by a patriarchal socialization that subject women to a restricted and supposedly empty life; others propose that this so-called deviant behavior or generalized rebelliousness is a product of motherhood itself. While commenting on women and madness in American literature, Barbara Solomon points out that

> [a]lthough there are numerous examples of the stereotype of the argumentative or strong-willed wife [...] to whom terms such as "shrew," "scold," "termagant," and more recently "bitch," have been applied, there is no corresponding stereotypical male figure. [Male characters] may be unpleasant, quarrelsome, and difficult, but they act within the socially acceptable perimeters of the masculine role; they simply take advantage of or distort it. (15)

Regardless of the difficulties of pinning down any author's intention, one cannot ignore the value of literary tradition as a tool to understand role expectations for both men and women within society. This essay examines representations of madness in the short story "The Yellow Wallpaper" (1892), by American writer Charlotte Perkins Gilman, and in the novel *O quarto fechado* (1984), by Brazilian writer Lya Luft, as a means to understand the close association between women and madness in the social contexts portrayed by these authors. In their narratives, the representation of madness can be interpreted as a result of the protagonists' personal battle against themselves in the face of what they have become, in other words, as their solitary struggle to escape reality in search of a more subjective identity. While Gilman's main character projects her worries onto the wallpaper that covers the walls of her bedroom, Luft's protagonist reveals her mental instability through a projection of her painful experiences onto a painting.

In the two works analyzed in this essay, the protagonists find themselves closely integrated with their environment. The development of their spatial imagination can be understood as a means of rewriting their personal history. At the beginning of both narratives, spatial configurations disturb them, but, as the stories progress, the female characters change their relationship with the exterior space, as they begin to find some relief by interacting with their surroundings in different ways. They become more connected to their inner selves and needs, and acquire a different perspective towards life by questioning themselves about what is essential to them.[2]

In Luft's *O quarto fechado*, the theme of death does not only dominate the first pages of the novel, but it also occupies the protagonist's mind throughout the narrative. The novel opens with Camilo's wake, as the other characters attempt to understand the reason for the suicide of the protagonist's son. The only character who does not have her thoughts revealed is Ella, the illegitimate sister of the protagonist's husband. Ella has been kept confined to a closed room since she suffered an accident and became paralyzed. Death, personified as a woman throughout the novel, is also represented by Ella, whose name sounds exactly like *ela*, the Portuguese pronoun that refers to *she* or *her*. Locked in her room, Ella has been waiting for her own death for many years. Her body is that of a dead person, since she is unable to move or to speak. This fact does not prevent the other characters in the novel from becoming intrigued by the closed room that Ella occupies and by what it might reveal. Renata in particular attempts to find out more about Ella and uncover the mystery that haunts the confined woman. She comes to identify with the sick woman in the closed room as she begins to realize how limited her life has become with the passage of time. Unlike Ella, rather than suffering a physical death, Renata suffers a psychological one. She is unable to take any action to change her stagnant life. She can no longer play the piano, which makes her feel weak and limited. However, Renata gains a new perspective as she stares at a painting on the wall while she sits next to her son's dead body. The painting fascinates and yet provokes her:

> Now that night was falling and people had stopped coming by to embrace her and question her about the details of the death, she had plenty of time to ponder her favorite painting once more, now in a different light. [...] Ever since childhood, when the painting dominated the living room of her parents' house, she had wanted to know what it was all about. [...] Renata loved the painting. She managed to have her piano placed so that during the long hours of practice she could easily look at it. (Luft 1986, 9-10)[3]

The painting to which Renata refers is a reproduction of one of the versions of *The Isle of the Dead* (1880-1886), by the Swiss painter Arnold Böcklin (1827-1901). It depicts a white-robed figure that stands in the prow of a boat taking a coffin to an island. The symbolism employed in the painting is significant, since, according to traditional symbolic notions, death can be represented as a woman or a boat (Tresidder 62). Renata is mysteriously attracted to the image on the wall and relates it to the passage from life to death: a journey through another dimension that she considers to be intriguing. Instead of facing the immediate reality of Camilo's death, Renata takes refuge in staring at a painting that she finds both mysterious and beautiful, and which incites in her contradictory feelings of fear and hope. When the protagonist thinks about her other son, who died as a young child, she wonders if he were also taken to that island: "Could he too be on the Island? She had asked herself looking at the painting. [...] But the Island would certainly have adopted him. It would have a place for dead little children behind those walls" (Luft 1986, 59).[4]

The image that fascinates Renata also provokes her curiosity and makes her wonder about its meaning, just like the imprints on the wallpaper affect the protagonist in Gilman's short story. Because Renata sees the painting as a representation of death, every time she looks at the painting, she tries to comprehend it, which parallels an urge to understand her own terrible fate: "Where was the Island? Where were the dead? And what was that thing called Death? She had longed for it often as a liberation from her torment. If she were to die, everyone would be happier, she felt" (Luft 1986, 26).[5] At the end of the novel, Renata manages to lend meaning to an image that had both tormented and given her solace. The protagonist's preoccupations regarding her losses are eased when she convinces herself that the feminine figure portrayed in *The Isle of the Dead* is the one responsible for leading her son Camilo through his passage from life to death. "Camilo's mind, Camilo's memory, would hold no more fear, no more suspicion. She knew he was imprisoned within the frame of that Island, where everything was defined forever," reflects the protagonist (Luft 1986, 85).[6] Still rendering Renata's personal interpretation of the painting, the narrator states:

> She rubbed her eyes. Her eyelids were dry as parchment. The picture was still crooked, beautiful, consoling. Then, at the end of her strength, Renata finally understood. The boatman was not a man, it was a woman. The figure on the prow was she, Camilo's Lover, Thanatos. And Thanatos would give herself to him, beneath the shroud. [...] In her mind there was not music but peace, almost. (Luft 1986, 104)[7]

Renata interprets the woman in the picture as a representation of death or destructive force.[8] Taking Freud's subdivision of personality into account, one may affirm that, in Luft's novel, *Thanatos* is the personification of death and represents the death instinct. According to Renata's point of view, this woman has taken her son's life and will lead him through death. Facing this realization, instead of feeling helpless, Renata feels rather calm, since she equates death with the sole source of safety and self-realization for human beings. For Renata, it is only through death that one is able to achieve internal peace and escape from reality. It is important to mention that, whenever the protagonist reflects about death and its meaning in this novel, the author opts for a stream-of-consciousness form of speech, which gives the reader straight access to the character's innermost thoughts and emotions. In one of her interior monologues, for example, Renata believes she will end up loving death, just like her son Camilo, who had always been fascinated by it.

The short story "The Yellow Wallpaper" (1892) also presents as the main character a woman, this time someone who is forced to deal with the limitations of domesticity. The protagonist, who is nameless, has just given birth and has been isolated in a house by her husband, a physician who intends to cure his wife from what he has diagnosed as a "nervous breakdown." The narrator-protagonist finds herself limited by social patterns of behavior that undermine her self-expression and affect the extent of her will. The protagonist's sense of loneliness and isolation is released through the act of writing, which is portrayed as a way to express oneself and to denounce one's state of confinement. As the narrative progresses, the reader concludes that the act of writing is not the only instrument available for the protagonist as a means of self-expression; the pattern on the wallpaper that covers the room in which she is being held captive also offers itself to the new mother as a blank canvas where she may write her story. By attempting to comprehend the pattern of the wallpaper, the protagonist begins to reflect on her own reality and to put into question interpretations that had so far remained unchallenged, therefore relieving some of her repressed anger.

At the beginning of the narrative, the protagonist, although restricted by the impositions of her husband, reveals her opinion concerning the importance of work in the life of a person who has been diagnosed with "temporary nervous depression" (42). Even though the protagonist finds herself in a situation in which both access to creative activities and human contact are denied, she is fully aware of the benefits of intellectual activity to her mental health, as she writes in her diary that, through writing, she can stimulate her self-expression and release herself from the pressures of a dominant patriarchal discourse. Afraid of being punished, the protagonist only writes when her husband and his sister are not around and keeps it a secret. As a result of her isolation and solitude, she begins to pay attention to the physical space of the house where she is supposed to have her rest cure, and it is the wallpaper in the nursery where she is kept that attracts her attention.

As the following passage confirms, at first she does not like the room, and the wallpaper particularly disturbs her: "I don't like our room a bit. [...] The paint and paper look as if a boys' school had used it. [...] I never saw a worse paper in my life. [...] It is dull enough to confuse the eye in following, pronounced enough to constantly irritate and provoke study" (Gilman 43). Soon, however, the narrator-protagonist begins to change her opinion about the room. After analyzing the wallpaper more carefully, she claims that she "never saw so much expression in an inanimate thing before" (46) and confesses to be "getting really fond of the room in spite of the wallpaper. Perhaps because of the wallpaper" (48). It is as if the protagonist had concluded that the wallpaper expresses itself through its pattern, while, in contrast, she is not allowed to do the same in her life, a realization that causes her to project herself onto the wallpaper in an attempt to gain autonomy and fight repression. The protagonist frees her imagination and as a consequence the wallpaper is personified as a force that begins to influence her behavior and perception of reality. As the protagonist states, "This paper looks to me as if it knew what a vicious influence it had" (46).

From this point of the narrative on, the heroine devotes her time to a close examination of the wallpaper's pattern, which she finds intriguing. For her, analyzing the paper is clearly easier than playing the role of a mother who must care for an infant. The protagonist's reflections on the very act of studying the wallpaper shed light on the female character's fears and opinions regarding the obligations commonly placed upon women generation after generation. The courage to face and examine the room in which she is confined allows her to tune in to her personal needs and self-perception, an act that parallels her role as a writer. During the act of writing, the protagonist uncovers desires that would have otherwise been repressed by the rules of an authoritative husband as well as by the socially accepted norms of motherhood. It is exactly at the point of the narrative when the protagonist becomes aware of her subjective interpretive stance that she starts to manifest rebellious feelings that lead to her deceptive behavior towards her husband and sister-in-law.

The protagonist claims to see, behind the pattern on the wallpaper, a woman who would be attempting to escape from something, therefore revealing her identification with this imprisoned figure. "Behind that outside pattern the dim shapes get clearer every day. [...] And it is like a woman stooping down and creeping about behind that pattern. [...] The faint figure behind seemed to shake the pattern, just as if she wanted to get out," describes the protagonist (Gilman 50). Much like Renata, who manifests a desire to free herself from her husband's control, the protagonist of Gilman's story feels caged as well. And although at first she considers the wallpaper to be puzzling, she later declares to feel better about herself just by staring at it. She soon claims to imitate the behavior of the woman that she believes to be trapped behind the pattern, an attitude that reveals both the progressing confusion in the protagonist's mind and her need to free herself from social constraints and to give voice to her anger.

As the narrative progresses, the protagonist of "The Yellow Wallpaper" becomes more and more conscious of the unpleasant contours of her relationship with her husband, who is constantly observing her behavior with the eyes of a doctor. She later concludes that he does not really care for her, but rather wishes to achieve total control of her life through fear. As a result, the protagonist changes her behavior towards her husband by becoming a deceitful person. When the last day in the house arrives, the protagonist decides to do something in order to finally help the woman that she sees in the pattern; therefore, she starts peeling off the wallpaper. She wants the trapped woman to become free as much as the protagonist desires her own freedom. The protagonist then claims that she has come out of the paper, and wonders whether that has ever been or would ever be possible for other women who may have also been constrained by male oppression. Although at the end of Gilman's story it becomes clear that the heroine has reached an advanced state of madness, an idea that is reinforced by a progressively unreliable first-person narration, she seems to be somehow aware of her condition. The release of the narrator's anger through her repeatedly creeping over her husband's body indicates that she does indeed recognize the violation of her freedom, which makes her feel angry. Furthermore, she dismisses the possibility of suicide due to the likelihood of being misinterpreted. The process of decoding the wallpaper allows her to decipher the meaning of her own life, therefore laying bare her innermost desires. The awareness of her surroundings and its close examination enable the protagonist to read her own life for the first time and to respond to it, even if this response is only made possible through the precarious and rarely heard voice of madness.

In both *O quarto fechado* and "The Yellow Wallpaper," the interior monologue is one of the main techniques used by the narrator to reveal the characters' perceptions of reality. In Luft's novel, Renata reconstructs her past through a series of flashbacks, in which she becomes aware of her own limitations as an individual. Her emotional struggles do not help her escape from her state of fragmentation, but the painting that she sees on the wall prompts her to question whether or not things could have been or could be different. She comprehends that although her life feels meaningless, there is still a possibility to escape through her music, which would allow her to project some shadow of a personal identity. In Gilman's short story, the process of identification with the image on the wall is similar. As the heroine perceives the space around her, more specifically the wallpaper, she becomes obsessed with what that space might reveal to her and begins to interpret her life through the reading of the paper, in search of some sort of meaning. Towards the conclusion of the narrative, she becomes aware of her internalized conflicts and of the emptiness of her own life. In both texts, the observation of physical space is crucial to the protagonists' process of self-examination.

The images on the wall, be it a painting or a wallpaper pattern, fascinate and yet alienate and provoke the protagonists of the two texts examined above, who find themselves inextricably intertwined with the topoi of madness and death. The coincidence of theme and imagery in the works analyzed here suggests that, although Lya Luft's and Charlotte Perkins Gilman's works are separated by geography as well as by an almost one-hundred-year gap, these two writers share certain concerns related to the role and situation of women, which have remained similar regardless of the passage of time. The works analyzed in this essay equip the reader with valuable clues to better decoding recurring literary metaphors (or symptoms) of women's oppression, which are often related to (sometimes stereotypical) onsets of mental illness in female characters.

Notes

[1] "*Madness* is an imprecise term for a variety of abnormal mental states. [...] Sociological, psychological, and literary theorists [...] tend to focus on culture and society as casual agents. When we examine the writings of women who 'know' madness from experience as opposed to those of scholars who 'know about' madness, we find a rich literary corpus extending back a hundred years. [...] Although the theme of madness had never been absent from Western literature since Aeschylus and Sophocles, that literary tradition was predominantly male-authored and male-centered. Only now it is possible to speak of the topos of madness as having a large number of female archetypes authored by women" (Davidson and Wagner-Martin, 536-37).

[2] The concept of space is closely connected to concepts of confinement and to a fear of entrapment or death. The limitation of women within space has been frequently associated with a restraint of their intellectual or creative capacity, as well as with their impossibility of achieving physical and spiritual freedom. Therefore, because of cultural constructs, space is believed to create isolation and to generate feelings of frustration and helplessness. An enclosed space, however, may also be viewed as something dynamic and fluid, which would open up new possibilities for the self and the imagination. In *Transcending Space*, Taimi Olsen argues that, through the examination of one's surrounding, it is possible to achieve a transcending experience, which would contribute to one's search for meaning, openness, and individual truth, and which, as a result, could promote a connection to one's inner light and inspiration.

[3] "[...] à medida que a noite avançava e já não a vinham abraçar indagando detalhes daquela morte, sobrava tempo para analisar mais uma vez seu quadro predileto sob uma nova luz. [...] Sempre desejara saber o que significava aquilo, desde criança, quando o quadro dominava a sala da casa de seus pais. [...] Renata amava aquele quadro. Conseguira que seu piano fosse colocado de modo que, nas longas horas de estudo, o pudesse ver sem esforço" (Luft 1984, 18-19).

[4] "Também ele estará na Ilha? Perguntara-se, olhando o quadro. [...] Mas a Ilha certamente o adotara: haveria lugar para as criancinhas mortas, atrás daquelas muralhas" (Luft 1984, 78).

[5] "Onde ficava a Ilha? Onde estavam os mortos, o que era aquilo, a Morte? Ansiava por ela muitas vezes, como libertação de seus tormentos. Se morresse, todos ficariam mais felizes, sentia" (Luft 1984, 38).

[6] "Não haveria mais medos, nem suspeitas na memória de Camilo. Sabia-o preso na moldura daquela Ilha, onde tudo era definitivo" (Luft 1984, 109).

[7] "Esfregou as pálpebras ressequidas como papel de seda. O quadro ainda pendia torto, belo e consolador. Então, chegando ao fim de suas forças, Renata compreendeu: Não era um barqueiro, era uma mulher. O

vulto da proa era ela, a Amada de Camilo: Thanatos. E se daria a ele, por baixo do sudário. [...] Não havia música em sua mente: havia quase paz" (Luft 1984, 130).

[8] While presenting the subdivision of one's personality, Sigmund Freud claims that its first element, the "id," was constituted of two basic parts: "libido" and "thanatos." According to Freud, the former refers to positive forces, such as the sexual drive and loving impulses, while the latter would refer to negative ones, such as aggressive and destructive impulses. These two parts together constitute the motivational forces within an individual (Freedman 367).

Works Cited

Davidson, Cathy, and Linda Wagner-Martin, eds. *The Oxford Companion to Women's Writing in the United States.* Oxford: Oxford UP, 1995.

Freedman, Jonathan L. *Introductory Psychology.* Toronto: Addison-Wesley, 1982.

Gilbert, Sandra, and Susan Gubar. *The Madwoman in the Attic.* New Haven: Yale UP, 1984.

Gilman, Charlotte Perkins. "The Yellow Wallpaper." *The Yellow Wallpaper.* Ed. Dale M. Bauer. Boston: Bedford Books, 1998. 41-59.

Luft, Lya. *O quarto fechado.* Rio de Janeiro: Nova Fronteira, 1984.

---. *The Island of the Dead.* Trans. Carmen Chaves McClendon and Betty Jean Craige. Athens: U of Georgia P, 1986.

Olsen, Taimi Anne. *Transcending Space: Architectural Places in Works by Henry David Thoreau, E. E. Cummings, and John Barth.* Lewisburg: Bucknell UP, 2000.

Solomon, Barbara. *The Experience of the American Women: Thirty Stories.* New York: New American Library, 1978.

Tresidder, Jack. *Dictionary of Symbols: An Illustrated Guide to Traditional Images, Icons and Emblems.* San Francisco: Chronicle Books, 1998.

Dialogues/
Diálogos

Ofélia e a Doce Loucura

Álvaro Cardoso Gomes
Universidade São Marcos, São Paulo, Brasil

Com estas anotações, pretendo tratar de uma das formas de loucura, a de Ofélia, figura arquetípica que, desde William Shakespeare, tem encantado gerações de escritores e artistas. Para examinar essa forma de loucura e a personagem clássica, conto com o auxílio de um pintor inglês, da geração dos pré-rafaelitas, Sir John Everett Millais; do protótipo de todas as Ofélias, no drama criado por Shakespeare, *Hamlet*; e de duas recriações dessa figura feminina: uma, de Arthur Rimbaud, poeta francês, e outra, de António Nobre, poeta português, ambos pertencentes à geração simbolista.

A forma de loucura a que me refiro, longe daquela dos grandes gestos, das explosões de fúria, chama a atenção pelo seu caráter manso, doce. Mereceu inclusive um comentário de Gaston Bachelard no ensaio "O complexo de Caronte" (*A água e os sonhos*). De acordo com o pensador francês, "Ofélia deve morrer pelos pecados de outrem, deve morrer no rio, suavemente, sem alarde. Sua curta vida é já a vida de uma morta" (84). Essa personagem arquetípica se torna um dos símbolos do suicídio feminino. Ela é imaginada como uma criatura destinada a morrer na água, dentre os quatro elementos, aquele mais ligado à imagem da mulher, especialmente a água doce. Ainda segundo Bachelard,

> [a] água é o *elemento* da morte jovem e bela, da morte florida, e nos dramas da vida e da literatura é o *elemento* da morte sem orgulho nem vingança, do suicídio masoquista. A água é o símbolo profundo, orgânico, da mulher que só sabe *chorar* suas dores e cujos olhos são facilmente "afogados de lágrimas". (85)

O resultado dessa imagem feminina ligada à água é uma Ofélia que se apresenta em textos e telas com características semelhantes, tais como os olhos sonhadores, a canção que entoa, as águas plácidas de um riacho e, acima de tudo, a longa cabeleira que flutua em meio à vegetação exuberante, toda cheia de flores, com que ela se identifica. Verifica-se que há uma perfeita harmonia entre Ofélia e os elementos dessa natureza gentil. O riacho de águas calmas a acolhe, as plantas ribeirinhas fundem-se com seus cabelos desatados:

> Durante séculos ela aparecerá aos sonhadores e aos poetas, flutuando em seu riacho, com suas flores e sua cabeleira espalhando-se sobre a onda. Ela dará ensejo a uma das mais claras sinédoques poéticas. Será uma cabeleira flutuante, uma cabeleira desatada pelas ondas. (86)

A perfeita homologia entre a personagem clássica e a natureza é resultado do tipo de loucura que a assola. Ofélia é uma vítima inocente, a ser sacrificada em meio às intrigas da corte do reino da Dinamarca. Ela servirá para redimir Hamlet do seu crime e, como tal, oferece a vida que não viveu. Mas o seu sacrifício não é sangrento; manifesta-se, pelo contrário, pela mansa loucura e pelo doce suicídio. Em *Hamlet*, a personagem surge pela primeira vez, influenciando subseqüentes aparições em diferentes obras. Sua imagem, ao longo dos tempos, correrá paralela à imagem da mulher fatal, simbolizada, por exemplo, por Salomé. As duas constituem os pólos antagônicos da mulher, e Ofélia oferece a face da submissão, da passividade suprema, da virgem impoluta, cuja sexualidade se anula em face da morte precoce.

Começo por observá-la em *Ophelia* (1852), quadro de Millais (1829-1896), que impressiona pelo decorativo, pela atmosfera irreal, de sonho, pelo puro esteticismo, o que justifica a inclusão do pintor entre os grandes nomes do movimento pré-rafaelita britânico, durante o século XIX. Esse movimento estético propunha voltar os olhos para a Idade Média, para um gosto artístico anterior a Rafael. Por compartilharem esse gosto pelo passado, Dante e Shakespeare também se tornam fontes de inspiração para pintores e poetas como Ruskin, Rossetti e o próprio Millais. *Ophelia* é fortemente inspirado em *Hamlet*, mais precisamente na passagem em que a rainha descreve a morte de Ofélia. Pode-se afirmar que este quadro é uma reprodução pictórica da descrição de Ofélia por Gertrudes. Bela como uma flor aquática, a personagem entrega-se passivamente à morte, enquanto suas pesadas roupas se encharcam e ela entoa inocentemente uma canção. Os elementos decorativos sugerem certa homologia entre a figura feminina e suas roupas, as flores que ela colheu e o plácido ribeiro que flui lentamente. Nada há de trágico na cena: suas cores não são fúnebres; pelo contrário, são exuberantes, como se atribuíssem uma beleza irreal tanto à loucura quanto à morte da protagonista. O que seria um evento a princípio negativo transmuda-se em algo positivo. Esteticiza-se a loucura e sua conseqüência: a morte. A imagem de Millais, como a descrição da rainha shakespeariana, enxerga beleza na morte precoce da donzela, vitimada pelo destino.

Se a tela estratifica uma cena — a morte cantante da heroína em meio à vegetação exuberante —, em *Hamlet (1603)*, drama de Shakespeare (1564-1616), anteriormente ao suicídio da protagonista, há toda uma preparação para a loucura de Ofélia nos diálogos que ela entretém com o irmão Laertes, a rainha Gertrude e o rei Claudius, diálogos esses pautados pelo *nonsense*, pois, enquanto as personagens simplesmente falam, Ofélia canta. O canto, em versos, serve muito bem ao propósito da loucura porque não é lógico: sustenta-se pela melodia. Através desta, a donzela responde à morte do pai, Polonius, evento que a deixou demente, acima de tudo pelo fato de o assassinato ter sido cometido por seu amado Hamlet. Mesmo seu discurso comum é contaminado pela loucura e antecede a sua morte em contrato fraterno com a natureza:

OPHELIA. There's fennel for you, and columbines. There's rue for you, and here's some for me. We may call it herb-grace o' Sundays. O, you must wear your rue with a difference. There's a daisy. I would give you some violets, but they withered all when my father died. They say a made a good end. (680)

O poema de Rimbaud (1854-1891) intitulado "Ophélie" (1870), dividido em três partes, não só recria a famosa cena do suicídio de Ofélia, mas também reapresenta a personagem em sua condição de mito, ou melhor, de tópos poético: "Voici plus de mille ans que la triste Ophélie / Passe, fantôme blanc, sur le long fleuve noir" (33). Assinala-se o período extenso de tempo ("mille ans") em que Ofélia vem transformando-se em um motivo poético. Os traços dessa figura arquetípica recebem o batismo do branco, da pureza inviolada ("flotte comme un grande lys", "fantôme blanc", "O pâle Ophélia! belle comme la neige!"), que contrasta com a imagem da morte sugerida pelo negro das águas (33). Na realidade, ela se transforma simbolicamente em um duplo do poeta, alma sonhadora ("esprit rêveur") que deseja a amarga liberdade ("âpre liberté") e é possuída por grandes visões ("grandes visions") que a emudeciam ("étranglaient ta parole") (33-34). Se a palavra dela é estrangulada pelas visões, só lhe resta o canto, mesmo que seja um canto fúnebre a prenunciar sua morte emblemática no rio. No poema de Rimbaud, a loucura de Ofélia é causada não pela morte do pai, mas por visões excessivas, pelo terrível infinito ("Infini terrible"), que assusta os olhos azuis da donzela (34).

António Nobre (1867-1900), por sua vez, embebendo-se nas obras de Shakespeare (em sua obra, há uma referência explícita a *Hamlet*) e de Rimbaud, deixa de lado a questão da loucura da personagem e, no soneto "Enterro de Ofélia" (1888), concentra-se na cena da morte da protagonista, que é mitificada e identificada metaforicamente com o sono e o sonho, estados de inconsciência por excelência. O branco está presente, a representar não só a pureza absoluta, mas também o nada. Neste poema, Nobre cria um contraste entre o sol, força diurna e viril, e a lua, força noturna e feminina, conforme se percebe nas duas últimas estrofes do poema:

> O doce pôr do Sol, que era doido por ela,
> Que a perseguia sempre, em palácio e na rua,
> Vede-o, coitado! mal pode suster a vela...
>
> Como damas de honor, Ninfas seguem-lhe os rastros,
> E, assomando no céu, sua Madrinha, a Lua,
> Por ela vai desfiando as suas contas, Astros! (175)

Ofélia, no soneto de Nobre, assume, em toda sua beleza, a condição de inspiração noturna e lunar, de imagem fecundadora e inspiradora dos poetas. Extrai-se desse contexto, por meio da figura arquetípica, uma concepção de poesia que resulta mais da inspiração, dos impulsos sombrios, do que da vigília. Nesse caso, é possível estabelecer uma analogia entre Rimbaud e Nobre, embora mais naquele do que neste se verifique uma concepção de poesia como loucura visionária, como entrega absoluta do ser aos impulsos primitivos. A demência da protagonista, apenas insinuada nos poemas, pode ser entendida como uma metáfora da criação poética. Encontramos, assim, em ambos os poetas, a defesa do estado alucinatório como o momento mais propício para a criação poética. No poema "Délires II. Alchimie du verbe" (1873), por exemplo, Rimbaud afirma: "A moi. L'histoire d'une de mes folies" e "Je finis par trouver sacré le désordre de mon esprit" (132). Já no poema "Da influência da Lua" (1886), António Nobre ilustra muito bem a imagem do poeta demente que cria somente sob os influxos noturnos do luar:

> Ai os meus nervos, quando a Lua é cheia!
> Da Arte novas concepções descubro,
> Todo me aflijo, fazem lá idéia!
> Ai a ascensão da Lua, pelo Outubro! (92)

O que se verifica, portanto, através desta peregrinação por textos de poetas tão distintos e pela tela de Millais representando Ofélia, é a concepção de um tipo específico de loucura, ora entendida como revolta passiva a um estado de coisas que não se pode enfrentar, como se percebe no drama de Shakespeare, ora como um estado visionário e propício à criação poética, conforme sugerido pelos poemas de Rimbaud e Nobre, ora como um motivo inspirador da explosão de cores que recupera um tempo perdido, como no quadro de Millais. Ofélia torna-se elemento inspirador de uma cena consagrada, de forte valor estético, em que a morte, resultante da insânia, ganha a dimensão do belo.

Referências Bibliográficas

Bachelard, Gaston. *A água e os sonhos: ensaio sobre a imaginação da matéria*. São Paulo: Martins Fontes, 2002.

Millais, Sir John Everett. *Ophelia*. Óleo sobre tela. 1852. *The Pre-Raphaelites: Inspiration from the Past*. De Terri Hardin. New York: Smithmark Publishers, 1996. 43.

Nobre, António. "Da influência da Lua", "Enterro de Ofélia". *Só*. Porto: Livraria Tavares Martins, 1966. 91-92, 175.

Rimbaud. "Ophélie", "Délires II. Alchimie du verbe". *Œuvres poétiques*. Paris: Garnier-Flammarion, 1964. 33-34, 130-35.

Shakespeare, William. *Hamlet. The Complete Works*. Eds. Stanley Wells e Gary Taylor. Oxford: Clarendon Press, 1988. 653-90.

Isolde's Courtly Matrix of Mad Love: Patristic Discourse and Romantic Infatuation

Stephen Trobisch
Missouri State University

When a woman discards her womanhood
and her disposition
and assumes that of the man,
then the fir [tree] will give honey
and the hemlock [will produce] balsam,
and the roots of the stinging nettle
will make rose blossoms cover the earth.

— Gottfried von Straßburg, *Tristan*[1]

Tristan (Tristram), the Cornish knight and nephew of King Mark of Cornwall, and Isolde (Iseult, Yseult, etc.), the king's Irish bride, unknowingly drink of a love potion and are thereby doomed to an adulterous relationship which ends tragically with the death of the couple. Since it first appeared in the twelfth century, the epic tale has had a substantial impact on literary as well as cultural traditions of the West, introducing the previously unfamiliar notion of romantic love. Upon ascertaining Tristan and Isolde's newly found sanctuary in the wilderness's forest away from civilization, Gottfried's narrator lectures the reader about illicit infatuations and the problematic concept of *wîpheit*[2] (womanhood); the narrator scrutinizes, dismisses, and ultimately thrusts aside *wîpheit* by implicitly asking Isolde to replace it with the more trusting and aesthetically pleasing concept of *manne* (manhood), human nature's intended state of perfection.

The following deliberations argue that the narrator's lecture, also known as the *huote* excursus, has been patristically informed.[3] I will discuss the courtly matrix as a modern literary and cultural phenomenon, including references to Stephenie Meyer's *Twilight* series as one of many exemplary modern literary adaptations of the Tristan and Isolde myth.[4] The analysis of the courtly matrix in the context of images of madness will furthermore attempt to exhibit how church-fatherly formulations impacted scientific paradigms and cultural constructs of Western tradition such as *sex and gender* and the *love-of-love* dictum of romantic infatuation. The "madness" of such paradigms and constructs governs both their formulations and their manifestations. The literary representation of the courtly matrix with its complex array of madness has been introduced by the medieval tale of Tristan and Isolde, a couple lingering tragically in Cornwall, becoming mentally unhinged, and engaging inexorably in foolish behavior and frenzied pursuits.

Gottfried's Huote Excursus

Gottfried von Straßburg's narrator of *Tristan* examines the aptness and wisdom of a husband guarding his wife. The *huote*[5] excursus comments on the uselessness and even harmfulness of subjecting wives to surveillance on the grounds that women, being descendents of Eve, are psychologically conditioned to breaking prohibitions. The narrator encourages Isolde to suppress her Eve-inspired behavior/femininity in order to become more like a man and urges her to conform to her environment's socially dictated confines of honor. The ideal disposition would make it possible for a woman to transcend the example of Eve and usher in a return to Eden.

The narrator's concluding pledge of horticultural impossibilities (roses sprouting from nettles) epitomizes the quandary in which Isolde finds herself. Neither nature nor the priests' guidance and counsel open possibilities for curing her ailment.[6] In Joseph Bediér's retelling of the myth, the hermit Ogrin attempts to soothe Isolde's laments by reading scripture to her: "Iseult [...] wept silently. The hermit told her and re-told her the words of his holy book, but still while she wept she shook her head, and refused the faith he offered" (90).

The Courtly Matrix of Romantic Love

Tristan and Isolde do not love one another: they love "love", and they love being in love.[7] The romantic notion represents a complex of attitudes about love, such as involuntary feelings, ideals, and reactions. For Tristan it is not Isolde, the human being, that he sees, but something beyond her, which she embodies — a religious dimension of a foresight of wholeness of himself: an entrancing, mesmerizing vision brought on by the intoxication of the potion. The lovers madly indulge in the awareness of love in a tale that begins with the love potion, ends with the death of both, and in between describes a cycle of surreptitious meetings that defy the ethics of their environment.

Romantic love as a strong emotional concern, idea, attitude, and expectation deals with the self rather than with the other. As a notion of love it provides an illusion of the ultimate meaning of life revealed in another human being. Robert Johnson has provided a characterization of "Romantic Love" in his psychological analysis of the story of Tristan and Isolde, the exemplary model for the romantic couple in all of its literary representations, which emerged from the Middle Ages of Christianized Europe. The West, Johnson claims, has tasted the applied potion and is now wandering around in a state of magic intoxication that — through the other's deification — formulates wholeness. Such infatuation, serving a selfish purpose, starkly differs from ancient (Platonic, Socratic, or Pauline) concepts of love, especially from their attributed intention of un-conditionality and selflessness. As opposed to seeking wholeness and better-ness for the other (classic notion of love), Tristan and Isolde seek it for themselves, selfishly and thus conditionally.

The romantic notion of love would appear to be exposed by the classic notion not as "love", but rather as "infatuation." The classic Greek distinction of several categories of love (*agape*, *philia*, *eros*, *storge*) revealingly displays the deflation of the modern meaning of love, literally and literarily. None other than Gottfried's medieval narrator already laments the loss of meaning and the treatment of the word "love":

> The saying is quite true: "Love has been chased away and banished to the most remote location." All we have left is the expression. Left to us is nothing but the name. Even the name we have talked to pieces, worn out and exhausted so much that love — dead-tired — is now ashamed of its name and averse to the very word.[8]

Tristan and Isolde relate to one another from the standpoint of the self and not from the standpoint of the other. Rather than each other's presence, the lovers relish each other's absence so as not to obscure the projection filling their crucial void. As long as the projected image prevails, the partner's presence may even distort its magical imprint. Meyer's protagonist, Bella Swan, also lingers in that sentiment: "It was like there had never been any hole in my chest. I was perfect — not healed, but as if there had been no wound in the first place" (Meyer 2008, 452), "Almost like being a whole person again" (Meyer 2006, 376).[9] Or as Gottfried describes the bearing of the love-grotto's magical ambience on the lovers' sensation of completeness through their partner: "There the man was with the woman, the woman with the man."[10] While Isolde stands near Tristan, his eyes do not see her, but an image, an illusion enabling a sense of self-realization and meaning of life. That image — fantastic, superhuman, divine — serves a profoundly selfish purpose: that of feeling oneself completed, uplifted, and altogether bettered. The romantic tale, however, will harshly reveal that the burden of such projection placed onto the partner becomes humanly unsustainable. One or both of the lovers will perish, perhaps with the hope for an otherworldly reunion.

In Richard Wagner's opera *Tristan und Isolde* (1857-59), Tristan is roused by the fantastic "gaze" rather than the "vision" of Isolde. She becomes "nothing but the figure in Tristan's dream" (Žižek 2002, 202). Bella Swan, from the *Twilight* series, revealingly comments on the romantic projection she might represent in Edward Cullen's gaze, fearing her own humanity to be insufficient compared to Edward's qualities as a vampire: "Even my outsides looked different — my face sallow, white except for the purple circles the nightmares had left under my eyes. My eyes were dark enough against my pallid skin that — if I were beautiful, and seen from a distance — I might even pass for a vampire now" (Meyer 2006, 124). Bella Swan ponders her reflection, culminating in the need to trace her vampire friend's own gaze rather than his vision of her: "I tried to feel my face from the inside out, to know what he was seeing" (273).

The deceptiveness of the courtly matrix rests on the convincing performances of both the observer and the observed. King Mark voyeuristically indulges in the nocturnal adventures of Tristan and Isolde while hiding in a tree. The romantic couple, however, swiftly realizes the presence of the king, whose shadow is projected onto the surface of the pond by the moon. Tristan and Isolde are now observing the observer's reflection and reacting with great dramatic ability.[11] At this point, King Mark wishes to become an actor in that drama himself rather than remaining the entranced voyeur. This is only one example of the myth's multifaceted levels of reflected projections and reverse-voyeurisms in a Cornish culture of madness that seems much engaged in desperately overlooking the obvious.

Lastly, Gottfried's love-grotto (*minnegrotte*), a decidedly heathen locale, offers Tristan and Isolde the much needed refuge for safely indulging in their encounters. Here the couple is guarded from society, family, church, and civilization: "This grotto had been hewn into the wild mountain in earlier times during the heathen era. There they found refuge when they wanted to withdraw and indulge in love."[12] This grotto might resemble the mythical clearing in which Bella and Edward also find solace from disapproving members of their environment:

> It was the same place, of that I was instantly sure. I'd never seen another clearing so symmetrical. It was as perfectly round as if someone had intentionally created the flawless circle, gearing out the trees but leaving no evidence of that violence in the waving grass. To the east, I could hear the stream bubbling quietly. (Meyer 2006, 234)

The Bearing of Patristics on Romantic Literature

In 1940, Denis de Rougemont had already established the discursive correlation between patristic discourse and modern romanticism with vehement insistence on its cultural detriment:

> To love love more than the object of love, to love passion for its own sake, has been to love to suffer and to court suffering all the way from Augustine's *amabam amare* down to modern romanticism. Passionate love, the longing for what sears us and annihilates us in its triumph — there is the secret which Europe has never allowed to be given away; a secret it has always repressed — and preserved! Hardly anything could be more tragic; and the way passion has persisted through the centuries should cause us to look to the future with deep despondency. (50-51)

When covertly urging Isolde to discard her womanhood, Gottfried's narrator claims to have procured his guidelines on good clerical authority, namely on that which "the priests tell us."[13] Even before entering patristic formulations, the suggestion of abandoning *wîpheit* and "discarding womanhood" (Gottfried 483) had already been expressed in the two non-canonical gospels of Mary Magdalene and of Thomas.[14]

First, in *The Gospel According to Mary Magdalene* (second century, possibly first century): "But rather, let us praise His greatness, for He has prepared us and made us into Men" (5.3). Second, in *The Gospel of Thomas* (third century): "Simon Peter said to him, 'Let Mary leave us, for women are not worthy of life.' Jesus said, 'I myself shall lead her in order to make her male, so that she too may become a living spirit resembling you males. For every woman who will make herself male will enter the kingdom of heaven'" (Verse 114).

By patristic discrimination, intelligence is associated as male, and sensuality and sensuousness as female. Since Augustine, "man is undivided, asexual, pure spirit, while woman remains a divided being whose body does not reflect the reality of the soul" (Bloch 23). Man, therefore, remains fully human, while woman is human only inasmuch she has been engendered by the male. As Thomas Aquinas postulates: "[...] woman is by nature subordinate to man because the power of rational discernment is by nature stronger in man" (Part I, Question 92, 37).

Romantic infatuation as a literarily defined cultural phenomenon seeks and fails to reconcile humans as both social and sexual beings. The means by which desire and pleasure occur are unexplained, except for the suggestion that in order to avoid violating newly established Church doctrine, pleasure must be transcended and can only be found in domination and humiliation.

Mary, often characterized as liberating the image of Eve after humanity's banishment from Paradise, is a significant figure in patristic arguments. Jerome writes, "Death came through Eve, but life has come through Mary. And thus the gift of virginity has been bestowed most richly upon women, seeing that it has its beginning from a woman" (Schaff, Vol. 6, "Letter XXII. To Eustochium," 30). Such redemption not only renounces sexual desire, but also reinstates virginity. Accordingly, a virgin is a woman who not only has never slept with a man, but also has never desired to do so, as she is motivated by nostalgia for a return to the time before the

Fall. Cyprian insists furthermore that "the virgin adorned, is no longer a virgin":

> For it is not right that a virgin should have her hair braided for the appearance of her beauty, or boast of her flesh and of its beauty when she has no struggle greater than that against her flesh, and no contest more obstinate than that of conquering and subduing the body. [...] Your shameful dress and immodest ornament accuse you; nor can you be counted now among Christ's maidens and virgins, since you live in such a manner as to make yourselves objects of desire. (Schaff, Vol. 5, "Cyprian. On the Dress of Virgins," 432)

The courtly matrix, however, suggests that the lady's beauty reflects the knight's honor, and that her clothes conform to his personality. She fashions herself out of the clothes that give her substance. "[...] the association of women with the beguiling deception wrought by make-up, adornment, and excessive decoration forms part of a misogynist tradition found in Ovid and Juvenal and systematically elaborated by the Church Fathers from Tertullian on" (Burns 279). The anti-Nicene and first Latin Church Father from Carthage (155-220 C.E.) postulates sternly: "For a virgin ceases to be a virgin from the time it becomes possible for her not to be one" (Schaff, Vol. 4, "Tertullian. On the Veiling of Virgins," 33). Tertullian's patristics all but eliminate any decision-making for women about their bodies and their appearance, a dilemma which will doom Isolde as well. Anette Volfing stresses: "Eve's Fall and loss of honour have reinforced in subsequent generations an already pre-existent inclination towards transgression, with the result that Eve's modern-day descendants have even less of a choice than she did when dealing with prohibitions" (94).

In spite of some of their irreconcilable differences and frequent contestations of each other's arguments, it is tempting to regard the patristic writers' elaborations on sex as commonly if not uniformly misogynist. I find it difficult to resist that temptation. While the perspectives of Paul and the later writings of the Fathers (known as Apostolic, Greek, Latin, and Apologetic) do maintain the principle of equality between men and women, the doctrine of "Oneness in Christ" is incongruously governed by a resolute antifeminist attitude. R. Howard Bloch, author of a thorough and brilliant study on medieval misogyny with a detailed analysis of the history of the writings of Church Fathers and how their formulations reflected Church practices and thus impacted medieval European culture, illustrates one of the misogynists' striking argumentative paradox:

> If woman is presented as contradictory, the opposite of logic, against the male adherence to a unified truth that is in the words of Augustine "once and for all," then the misogynist, by transgressing the difference he establishes, contradicts himself or again acts like the woman he censures for being inconsistent. (Bloch 66)

Sex and Gender

While "sex" (the distinction between male and female, often defined biologically and as such limited to differences in reproductive organs, especially in mammals) seems less, albeit still amply challenged in Western understanding, "gender" as a social construct generates insurmountable obstacles for consensus. The construct of "the feminine" and "the masculine,"[15] particularly when borrowing from biological categories, has yielded few usable territories for discourse. The loathsome reiterations of the various constructs' stereotypes confront magnitudes of exceptions that seem to declare our cultural gender dichotomy absurd.

How could the concept of "strength," for instance, exemplify masculinity when longevity among humans is statistically dominated by women? Even if physical aspects of strength (such as muscle mass) favor many men during a phase of their adulthood, some women seem to be more adept in endurance and efficiency while expending physical energy. Moreover, emotional, psychological, mental, and even spiritual categories of strength seem conveniently overlooked or unexplored since our cultural and scientific paradigms do not provide appropriate vocabularies and tools to allow studies in comparative strength between the sexes.[16] More importantly, might "weakness" — when agreeably established as such — not serve as a mode of "strength"?[17] Catherine Breillat aptly characterizes "woman's radiant weakness" as an "irreducible strength." "Having the strength to accept weakness, self finds access to that lightness and subtlety wherein pleasure rests" (2008, 91).

The creation of woman is linked to a founding linguistic act. Adam is said to be the first to speak, the namer of things; and woman seems to arise from the imposition of names. "The designation of things, a primal instance of man's exertion of power over them, and the creation of woman are coterminous" (Bloch 23). Chrysostome, Jerome, and Augustine have constituted the phallocentric logic that woman simply is a derivative of man, following the Pauline prescription that the man represents the image of God, and the woman that of man.[18] Woman's humanity, consequently, is limited to her soul and to that part which makes her a man, following the patristic dictum that the image of God is in the man who serves as the source of and ideal for all other human beings. R. Howard Bloch maintains adamantly that

> misogyny in our culture consists of a series of specific associations between the esthetic and the feminine, which in essence turns women into a text to be read, and thus to be appropriated. I seek to determine why the question of woman has traditionally been so enmeshed in that of reading in the literary history of the West. Further, I maintain that only by acknowledging that the question of interpretation historically has imposed itself between the detractors and the defenders of women in every *querelle des femmes*

can the critic avoid simply repeating the terms that such debate has taken many times before. Otherwise one remains trapped in a false ideology that would confuse gender and politics, or in simplistic gender baiting that is more often than not mere name calling. (47-48)

Thomas Laqueur's *Making Sex: Body and Gender from the Greeks to Freud* offers a well-documented observation that is at once striking and baffling.[19] From Antiquity to far beyond the Middle Ages, a one-sex model has prevailed in Western thought and medical science regarding the phenomena of woman and man. The anatomical concept of a woman was essentially defined as an inverted man (of the same sex!), lacking the degree of perfection (and heat) to which men had aspired. Galen of Pergamum, the accomplished Greek philosopher/physician who profoundly impacted future Western medical science, reinforced the one-sex perspective that had been introduced by earlier Greek philosophers: "Now just as mankind is the most perfect of all animals, so within mankind the man is more perfect than the woman, and the reason for his perfection is his excess of heat, for heat is Nature's primary instrument" (qtd. In Laqueur 337).

Laqueur argues that, sometime in the eighteenth century,[20] a two-sex model had emerged. Reproductive organs went from being paradigmatic sites for displaying hierarchy to "being the foundation of incommensurable difference" (149). Organs, structures, the skeleton and the nervous system were differentiated so as to correspond to the cultural male and female. "The womb, which had been a sort of negative phallus, became the uterus — an organ whose fibers, nerves, and vasculature provided a naturalistic explanation and justification for the social status of women" (152). The two-sex model was designed to address successfully the differences between men and women. Its biological dimension would also begin to govern the socially constructed dichotomy of gender.

Neither model, however, has proven workable for culture's attempt to make the body fit into the categories necessary for biological and thus cultural reproduction. Two sexes are not the indispensable consequence of physical difference, and their assigned roles assure neither the primacy of procreative sex, nor that of heterosexuality as the patristic paradigm would propose. In Laqueur's aptly crafted words: "the content of talk about sexual difference is unfettered by fact, and is as free as mind's play" (243). Just as in the patristic writings, if woman is not seen through the lens of heterosexual male desire, she simply does not exist. The compulsion of "having" a woman disables "seeing" her, which reflects the romantic dilemma of blinding infatuation in the subsequent emergence of romantic literature. Breillat offers the following interpretation:

> A self-awareness structured by love (with physically sexual dimensions) has not entered the philosophical narratives of Western traditions. Sexuality can be businesslike, voyeuristic, titillating, and pleasurable, as long as it obscures the meaning of "the great plan" of human sexuality: not to debase, but to uplift. Debasement, however, is the only principle with which we are informed by culture, government, and religion, since a nation of lovers who identify with transcendence is not governable. Thus, lovers need to be plunged into guilt making pleasures of the flesh a cardinal sin, and by denying that there is anything more than casual pleasure in the sexual act. (2004)

Since it attempts to legitimize and "heal" members of the bourgeois society, Sigmund Freud's psychology offers little to promote such self-awareness. "Penis envy," which bypasses the poser of giving birth, should tolerate the consideration of another perspective, namely that of "ovary envy." The patristic construct of female virginity, with its imperative ethical impositions and deprivations for women, attempts to put under control and safeguard that anatomical superiority possessed by women. Might such *huote* (safeguarding) of woman's bodies not have been motivated by the horror of what would happen after relinquishing male control? While members of species not lacking ovaries have no need to possess others, Breillat claims in her philosophical treatise on sexual debasement that the obsession to possess females is the reason for pornographic films (2008, 114).

The Goddess

Classical Western mythologies suggest that the European Creator goddesses of pre-historic times associated with earth have been gradually replaced by male sky gods. The function of the goddess typically began to be parceled out among various female deities subordinate to male gods. Cultural historians argue that, long before male gods were worshipped throughout the cultures of early Europe and the Mediterranean, worship of one or perhaps a variety of Creator goddesses prevailed. These deities gave birth to the universe and were perceived as powerful, creative beings, who generated life parthenogenetically as the male role in procreation had not yet been understood.[21]

Archeological findings of pre-historic goddess figurines, often named with the flagrantly deceptive label "Venus",[22] seem minute in size especially when compared to the male successors and the iconic representation and worship thereof. "Life" became perhaps the most contested realm among the established male and female manifestations of Western mythology. Pandora as well as Eve exemplify such loss of female dominion, and the latter example, in particular, is frequently applied in patristic writings and in the romantic literatures of the Middle Ages.

It is striking to observe how the literary romantic couples generally fail to procreate as a consequence of their abundant and unrelentingly repetitive intimate entanglements and sexual encounters. Medieval romance, moreover, has typically removed sexual intercourse from marital relationships — at least awarding it a dimension of emotional intimacy —, therefore further undermining the prospect of children and of future dynasties in royal relations. And yet, the most significant ubiquitous mythological "lesson" obtained is that the absence of children will doom the kingdom and thus the universe (psychologically represented within the minds of listeners and readers) since it deprives it of a future. This awareness is prominently represented by the barons who demand that King Mark take a wife, exact male control over emerging life, and produce heirs for the benefit of (them) all.

Romance circumvents life within the imperatively sequential cycle of "sex, life and death" in human existence: there is no death without life, and there is no life without sex.[23] And thus, sex is inextricably linked to death. This in turn leads to an obvious speculation: perhaps the pre-historic domain of life was not sexually defined at all as it has been with the religious dogma of male monotheistic institutionalized religion. Is therefore the obsession with illicit sexual encounters of the romantic couple a literary representation of the notion that sex (focused on the sensual pleasure of genital interaction) has little to do with life?

Mary has sometimes been celebrated as at least a covertly deified feminine representation within the Christian tradition, next to being the long awaited "redemptrix" of Eve. However, while Mary is endowed with the supernatural ability of virgin-motherhood, she hardly recovers the goddesses' domain over life: encountering a male apparition and being a terrified teenage girl, Mary gives in to the assignment of immaculate conception. She thus enables and upholds the tradition of male control over life. Interestingly, from the beginning of the twelfth century onward, repeated attempts were made to institute an ecclesiastic worship of the Virgin, which responded to a vital necessity for the Church while under threat and pressure. When, several centuries later, the Papacy finally sanctioned that worship, the Virgin (Madonna) and Child had already triumphed in all the arts, "without waiting for the seal of dogma" (De Rougemont 111). To this day, Mary, mother of Jesus, is the most frequently depicted woman in all of Western art.

In Gottfried's narrative, insisting on Mark's marriage, the barons force their king to reject his sister's son as heir, suppressing the formerly acceptable principle of matrilineal succession and enforcing patriarchal standards. Isolde, the royal Irish daughter, represents mythical feminine freedom. After his injury (sustained by killing Isolde's Uncle Morold), for which Cornish science and medicine has no remedy, Tristan is set adrift in the sea on a boat. He eventually encounters his life-saving cure when found and treated by the Irish, whose "unscientific" and feminine-inspired potions restore his health. By Isolde healing Tristan and by committing herself to the dragon slayer — another mythical representation for subjugating the feminine —, the matrilineal culture is overthrown and patriarchy is established. Isolde betrays her sacred tie to her maternal Uncle Morold, and consequently loses her power and prestige as Tristan has lost his by engaging in an adulterous relationship with the wife of his Uncle Mark. "[…] the potion, […] which internalizes repression, also represses the memory of her hatred and of the origin of feminine enslavement and humiliation which lie at the origin of romantic love" (Rabine 32).

Isolde's adultery may be based on her refusal to accept a pre-arranged marriage, which would explain why fidelity in marriage is incompatible with spouses involved in a romantically infatuated relationship. Further complicating Isolde's predicament and spelling her doom is the establishment of a relationship of inequality and domination, as Slavoj Žižek points out. If a woman refers to herself with regard to her (potential) relationship to man — as an object of his love —, and feminism wants to deprive her of her very "femininity" by opposing patriarchal domination, then a woman simultaneously undermines the fantasy support of her own identity. As a narcissistic projection, the courtly matrix becomes "a sadomasochistic exercise of guilt" (Žižek 1993, 104), suspending all socio-symbolic associations "and culminating in the ecstatic self-obliteration of death" (Žižek 2002, 197).

Medieval romances miss no opportunity to disparage the social institution of marriage and humiliate husbands such as the so easily deceived King Mark. The virtue of men and women who love extramaritally, on the other hand, is glorified. De Rougemont formulates the obvious consequence that the courtly matrix itself has become a religion when celebrated in the twelfth century as it first began to be cultivated:

> So it was that passionate love — a terrestrial form of the cult of Eros — came to invade the psyche of those members of the leading caste who had only simulated conversion to Christianity and felt the marriage rule as a restriction. Yet devotion to a god who was anathema to the Church could not be avowed in the light of day. It took esoteric forms and flourished in the guise of secret heresies more or less orthodox in appearance. (73)

Love and Death

In the *Twilight* series, Bella Swan successfully attains that vampire-hood which Edward Cullen had accomplished almost a century earlier. The couple's death-defying fantasy promises to become reality as they embark on life's journey together without fear of aging. While Bella's romantic fixation follows the courtly matrix inasmuch as she imprints (truthfully) the projection of Edward's supernatural qualities, she escapes the tragic consequences of the matrix only by becoming a vampire herself. The couple's marriage apparently also breaks through the confines of the medieval romantic configuration, particularly with the conception and birth of their daughter who might possibly symbolize a reclaiming of some of the territory taken from Isolde. The tale of Bella and Edward does, however, adhere to and represent the courtly matrix in that the couple's bliss is attainable only in a supernatural and otherworldly setting.

The love of love itself conceals a far more un-avowable desire — the desire for death — that has been unfurled by the love-potion. Eroticism is inextricably linked to the awareness of death and thus elevated to a sacred domain. Being human, the romantic couple will not survive. Wagner's Tristan strikingly exemplifies how Isolde in her function as his final redeemer is reduced to a male fantasy. The love-death (*Liebestod*) turns Isolde into a symptom of man and the culmination in Tristan's long process of dying. As Žižek affirms, "[...] through her self-obliterating immersion in the 'highest enjoyment,' it is *he* who finally finds peace" (2002, 202). Only when Tristan identifies the spectre of Isolde with a pure gaze, does he find final release — the *Liebestod*. The climax of sexual union becomes an ultimately desired end of life.[24]

The romantic tradition treats the lovers' demise redemptively. Tristan's agonies are equated to that of Jesus' sufferings for the salvation of humanity. His death is sacrificial and brings to conclusion the romantic relationship, which remains childless. Grieving Tristan's death, an old bystander informs Iseult the Fair: "Lady, we suffer a great grief. Tristan that was so loyal and so right, is dead. He was open to the poor; he ministered to the suffering. It is the chief evil that has ever fallen on this land" (Bédier 201-02). And then, like Juliet, Isolde loses her will to live after learning that her lover is committed to death.

In my deliberations I have attempted to reveal a correlation between patristics and romance. I have furthermore argued that the courtly matrix resulting from the potion's collective inebriation as well as the socially constructed dichotomies of sex and gender — as they evolved into the third millennium — represent cultural pathologies and mad paradigms that render inaccessible much needed new perspectives and overdue investigations. Perhaps the differences among men and the differences among women are more consequential and substantial than are the differences between women and men — although, indubitably, they exist. Perhaps even our Cornish paradigms of futile analyses of sex and gender might gradually learn to indulge in more insightful celebrations thereof.

Notes

[1] "Wenn eine Frau ihr weibliches Naturell [*wîpheit*] / und ihre Veranlagung [*herze*] ablegt / und die des Mannes [*manne*] annimmt, / dann gibt die Tanne Honig / und der Schierling Balsam, / und die Wurzeln der Brennesseln / lassen über der Erde Rosen erblühen" (483). All translations from Gottfried von Straßburg's *Tristan* are mine.

[2] "*mhd* wîpheit *spätmhd* wiplicheit *nhd* weibliche Wesensart, Weiblichkeit" (womanhood) (Grimm).

[3] The narrator quotes the priests during the *huote* excursus: "Die Priester sagen uns, es sei die Feige gewesen" (The priests tell us that it was the fig) (Gottfried 481). Thus, the narrator supplies a clerical reference to sources of writings on institutionalized Christianity.

[4] Ever since the release of the first novel, *Twilight*, in 2005, the books have gained immense popularity and commercial success around the world. The romance novel's central teenage character, Isabella Swan, falls in love with and intimately befriends two supernatural characters, Edward Cullen (a vampire) and Jacob Black (a wolf-like superhuman inspired by Native American mythology).

[5] "*mhd* huote: *nhd* Hut — Behütung, Aufsicht, Fürsorge, Schutz" (looking after, protection, chaperone, care, (safe)guard or surveillance) (Grimm).

[6] Furthermore, Isolde seems an unlikely beneficiary of horticultural lectures, since she together with her mother has explored natural remedies unknown to Cornish science and its Christian religion.

[7] See Rougemont.

[8] "Es stimmt genau, was man sagt: 'Die Liebe ist verjagt und vertrieben an den entlegensten Ort.' Wir haben von ihr nur noch den Begriff. Nichts als der Name ist uns geblieben. Aber auch den haben wir so zerredet, so abgenutzt und verbraucht, daß die Todmüde sich ihres Namens nun schämt und ihr das Wort zuwider ist" (Gottfried 145).

[9] Other quotes from the same author include: "I thought Jake had been healing the hole in me — or at least plugging it up, keeping it from hurting me so much. I'd been wrong. He'd just been carving out his own hole, so that I was now riddled through like Swiss cheese. I wondered why I didn't crumble into pieces" (Meyer 2006, 273).

[10] "Dort war der Mann bei der Frau, die Frau beim Manne" (Gottfried 421).

[11] See Hasty.

[12] "Diese Grotte war früher im heidnischen Zeitalter [...] in dem wilden Berg geschlagen worden. Dort hatten sie eine Zuflucht, wenn sie sich zurückziehen und der Liebe hingeben wollten" (Gottfried 409).

[13] See Gottfried 481.

[14] Cf. also with King (5.3). Males would be regarded the equivalent of "the perfect Man" (9.9), the standard for worthiness for executing the command and "preach the gospel" (9.9). See also the etymology of the German word *der Mensch* (the human being), which is *dem Manne ähnlich* (akin to the man), of natural and grammatical masculine gender.

[15] Derived from Latin *masculinus*, diminutive of *mas, male* ("small, tiny man") and hardly representative of Western constructs of "manliness" and "masculinity."

[16] Perhaps the existing paradigm would be terrified at engaging in such comparisons.

[17] Catherine Breillat observes that weakness, when awakening tenderness, may not only horrify men, but render them powerless. "The tiny vulnerable woman, who moves King Kong to tenderness, renounces muscular strength and leaves him defenseless against her weakness, leading toward genuine humanity, which in turn is difficult for man to accept" (2004).

[18] See First Corinthians 11.7-8.

[19] I am indebted to Lynne Tatlock for introducing this work to me and for her guidance in conducting inspired seminars at Washington University.

[20] How the one-sex body dominated the medical perspectives of the sixteenth century — quite within patristic traditions — may be exemplified in the following tragicomical anecdote. In 1559, Renaldus Columbus claims to have discovered the clitoris. He tells his "most gentle reader" that this is "preeminently the seat of woman's delight." Like a penis, "if you touch it, you will find it rendered a little harder and oblong to such a degree that it shows itself as a sort of male member." Explorer of new territory, Columbus proudly announces: "Since no one has discerned these projections and their workings, if it is permissible to give names to things discovered by me, it should be called the love or sweetness of Venus." Like Adam, he felt himself entitled to name what he found in nature: a female penis (Laqueur 64).

[21] Cf. Harris and Platzner.

[22] The Venus of Willendorf (c. 30,000-25,000 B.C.) measures only about twelve centimeters in length. The voluptuous figurine's legs are reduced to two points at their ends, making the statue unable to stand upright; she also lacks a facial image and therefore a recognizable identity.

While Aphrodite or Venus have evolved more into sexual icons of the sensual representation of Eros, the Willendorf figurine appears to be hovering quite confidently over the domain of life itself.

[23] I am grateful to Gerald Toll who presented this correlation at a German Club discussion in March 2003.

[24] The French metaphor *la petite mort* (the little death) may refer to the spiritual release that comes with orgasm, or to the brief moment of melancholy or transcendence resulting from the expenditure of the force of life.

Works Cited

Aquinas, Thomas. *Summa Theologiae*. Vol. 13. New York: McGraw-Hill, 1963.
Bediér, Joseph. *The Romance of Tristan and Iseult as Retold by Joseph Bediér*. Trans. Hilaire Belloc and Paul Rosenfeld. New York: Random House, 1973.
Bloch, R. Howard. *Medieval Misogyny and the Invention of Romantic Love*. Chicago: U of Chicago P, 1991.
Breillat, Catherine. Director's Commentary. *Anatomy of Hell*. Perf. Rocco Siffredi and Amira Casar. Tartan Video, 2004.
---. *Pornocracy*. Trans. Paul Buck and Catherine Petit. Los Angeles: Semiotext(e), 2008.
Burns, E. Jane. "Speculum of the Courtly Lady: Women, Love, and Clothes." *Journal of Medieval and Early Modern Studies* 29.2 (Spring 1999): 253-92.
Galen. *On the Usefulness of the Parts of the Body*. Trans. Margaret Tallmadge May. Ithaca: Cornell UP, 1968.
The Gospel According to Mary Magdalene. The Gnostic Society library. 18 Nov. 2009. <http://www.gnosis.org/library/ marygosp.htm>.
The Gospel of Thomas (Selection from *The Complete Gospels: Annotated Scholars Version*. Ed. Robert J. Miller. Santa Rosa, CA: Polebridge Press, 1992, 1994). *The Gnostic Society library*. 18 Nov. 2009. <http://www.gnosis.org/naghamm/gosthom.html>.
Gottfried von Straßburg. *Tristan*. Stuttgart: Reclam, 1994.
Grimm, Jacob, and Wilhelm Grimm. *Deutsches Wörterbuch*. 16 Bde. [in 32 Teilbänden]. Leipzig: S. Hirzel, 1854-1960. 18 Nov. 2009. <http://germazope.uni-trier.de/Projects/WBB/woerterbuecher>.
Harris, Stephen L., and Gloria Platzner. *Classical Mythology: Images and Insights*. Boston: McGraw-Hill, 2008.
Hasty, Will. "Tristan and Isolde, the Consummate Insiders: Relations of Love and Power in Gottfried von Strassburg's Tristan." *Monatshefte* 90.2 (1998): 137-47.
Johnson, Robert. *We. Understanding the Psychology of Romantic Love*. New York: Harper Collins, 1983.

King, Karen L. *The Gospel of Mary of Magdala: Jesus and the First Woman Apostle*. Santa Rosa, CA: Polebridge Press, 2003.
Laqueur, Thomas. *Making Sex: Body and Gender from the Greeks to Freud*. Cambridge, MA: Harvard UP, 1990.
Meyer, Stephenie. *Breaking Dawn*. New York: Little Brown and Company, 2008.
---. *New Moon*. New York: Little Brown and Company, 2006.
Rabine, Leslie W. "The Establishment of Patriarchy in Tristan and Isolde." *Women's Studies* 7 (1980): 19-38.
Rougemont, Denis de. *Love in the Western World*. Trans. Montgomery Belgion. Princeton, NJ: Princeton UP, 1983.
Schaff, Phillip. *Ante-Nicene Fathers*. Series I. Vol. 4: *Fathers of the Third Century: Tertullian, Part Fourth; Minucius Felix; Commodian; Origen, Parts First and Second*. Vol. 5: *Fathers of the Third Century: Hippolytus, Cyprian, Caius, Novatian, Appendix. Nicene and Post-Nicene Fathers*. Series II. Vol. 6: *Jerome: The Principal Works of St. Jerome*. New York: Christian Literature Publishing Company, 1892.
Volfing, Annette. "Gottfried's Huote Excursus (Tristan 17817-18114)." *Medium AEvum* 67.1 (1998): 85-103.
Žižek, Slavoj. "Deeper than the Day Could Read." *Angelaki: Journal of the Theoretical Humanities* 7.2 (August 2002): 197-204.
---. "From Courtly Love to The Crying Game." *New Left Review* I.202 (November-December 1993): 95-108.

Madness and Silence/
Loucura e Silêncio

Irrevocable Wounds: Language Loss in Peter Weiss's *Die Ästhetik des Widerstands*

Olaf Berwald
University of North Dakota

In a public conversation with film director and philosopher Alexander Kluge, conducted in 1995, Heiner Müller, the most influential German playwright of the late twentieth century, highlights the reciprocity of self-inflicted or trauma-induced muteness and violence. Complicating, if not rejecting conventional psychoanalytic framings of trauma, silence, and an alleged recovery through words, Müller insists on an understanding of the brutality of self-silencing, a realm of violence that, far from being dissolved by liberating words, is rather continued through the use of language as a means of domestication and of enforcing consent: "[T]hrough this speechlessness, through the refusal to share language and text, a destructive potential is released, which is covered up and continued by language and its allegedly civilizing impact."[1]

What do the ways in which scholars, poets, and artists conceptualize and narrate stupor, trauma, and the loss of, or radical retreat from, language tell us about ourselves? Globalized industries and the forced consumption of diagnostic (psychiatric, political, etc.) manuals and seemingly omniscient vocabularies at once identify and constitute symptoms. What can the global exchange of obsessive classificatory tools be taken to indicate, if not a failure to share F. W. J. Schelling's and Paul Celan's insistence on letting go of the drive to impose meanings, and instead committing, and committing to, acts of perceptive self-exposure to the phenomena in question, and to the limits of verbal communication?[2] Can an Aristotelian appetite for experimenting with comparative critiques of psyche, polis, and artworks go hand in hand with nuanced interpretive openness to the permeability of logos in the process of its disappearance?[3]

In the literary works of German-Jewish exile Peter Weiss (1916-82), most notably in his plays *Marat/Sade* (1963-65) and *Hölderlin* (1971-72), and in his partially documentary experimental novel trilogy, *Die Ästhetik des Widerstands* (*The Aesthetics of Resistance*) (1975-81), political commemorations constantly alternate or are fused with explorations of the unconscious and the aesthetic. In *The Aesthetics of Resistance*, a work that both documents and fictionalizes European antifascist resistance networks and their members' radical immersions into the process of art (the works of, among others, Dante, Géricault, Kafka, Picasso, and Brecht provide subtexts to, and are discussed among the novel's protagonists), exposures of, and to, the unconscious frequently stimulate temporary states of self-abandon that, in some instances, result in an irreversible loss of selfhood.

A palinodic dialectic of rational political praxis and extreme immersions into the unconscious constitutes the porous common ground that links the protagonists in Weiss's *The Aesthetics of Resistance*.[4] The narrator, a young working class apprentice who has joined the resistance group "Rote Kapelle" ("Red Chapel," or "Red Orchestra"), comes to the conclusion that most Germans under the Nazi regime have ceased to use their critical perceptive powers:

> [...] they were so destroyed that they did not even recognize the distortions to which they were subjected. What made all this so nightmarish was that a formation that seemed unreal claimed to represent the only valid reality. [...] A system that we wanted to call insane had to be accepted as the order of normalcy.[5]

Recurring memories of the Shoah demand exclusive conscious/unconscious attention of the narrator's mother, who becomes irreversibly detached from her family, despite desperate efforts to keep her mentally alive for the present:

> My mother's face was empty and had lost its individual contours, her mouth was half open, her eyes stared obliviously and did not recognize me. [...] this face, large, grey, used up by the images that had raped it, a stone mask, the eyes blind in the fracture mirror. It was the face of Ge, the earth demon.[6]

Immersing into extreme empathy through radical synaesthetic memory, with a strong emphasis on her tactile and olfactory senses, the mother identifies with victims of the Shoah she had witnessed. She recaptures her imprisonment in a cell together with a group of other victims, with whom she hallucinates to form an organic wholeness:

> My mother absorbed this dense warmth, she belonged to these sweating bodies, she grasped on hot hand, enclosed its fingers, and the same way the hands held on to one another, she pushed her face to a moist cheek. Arms, breasts, hips [...]. The putrid perspiration smelled like blossoming to her, she inhaled deeply, she inhabited this organism, she would never want to abandon this closeness, separation would be her ruin, her demise.[7]

In the final words that she shares with her husband before irrevocably receding into absolute silence, the narrator's mother shares a fragmentary outline of having witnessed acts of murder committed by German soldiers, crimes against humanity that ultimately triggered, or at least contributed to her gradual process of self-disintegration:

> [...] and then there was this woman, she had seen a woman, and the woman carried a child, and a man was next to her, and three soldiers came who tore the child away from the woman, and threw it, and the soldiers kicked the man to the ground, and raped the woman, and tortured her to death, right in front of the man, and then they led the man away in order to shoot him to death somewhere. [...] My father had asked her why

> she had waited to tell him all this until now, but at that moment, she was already mute.[8]

Realizing his complete inability to be in communicative touch with his mother, the narrator radically doubts the tangibility of art and his own path towards creative expression. The son is at the brink of accepting an allegedly inescapable isolationism:

> The more unavoidable the separation from my mother became, the more questionable artistic means became to me. How could I still find closeness and certainty in art when my mother, who was the closest human being to me, had made herself irrecognizable. [...] my mother's silence almost paralyzed my voice.[9]

In his recent essay on Weiss, "Foreword: A Monument to Radical Instants," Fredric Jameson acknowledges an oneiric thematic thread in *The Aesthetics of Resistance*, a threat to dialogic hopefulness that he identifies as "the failures of language and the impossibility of expression" (xli). Instead of examining these conceptual breakdowns more closely, Jameson loosely ties to a negative, vague hope for "wordless solidarity" (xlii). Manon Delisle suggests reading the mother's muteness under the rubric of an aesthetics organized around a gap, "Ästhetik der Leerstelle" (173-74), and points at the twofold process of iconization, of suffering from, and being turned into, images.[10] Neither Jameson nor Delisle attempts to interpret the mother figure's madness. Their passing remarks, while useful, do not provide any conceptual material for sustained analyses. Indeed, the degree of multilayered hermeneutic or diagnostic nuance that is explicitly negotiated among the novel's protagonists with regard to maternal muteness has not been achieved or emulated in a quarter century of Weiss scholarship. It is therefore a gesture of epistemic humility to turn to the attempts at diagnosis that are discussed in the work itself.

The narrator's father articulates a diagnosis that operates with a biological term that had been routinely employed by the Nazis to dehumanize their victims. The father, however, turns this rhetorical device against the Nazis and their systematic regime of fear, calling them "an epidemic" and discussing the contagious quality of sanctioned violence.[11]

The most subtle and advanced hermeneutic attempt to understand the mother's stupor is explicitly put into praxis within the novel itself by social psychologist Max Hodann, a fatherly mentor not only of the nameless young resistance fighter who is the novel's narrator, but of the author Peter Weiss as well (as Weiss's widow, Gunilla Palmstierna-Weiss, emphasized in a conversation at Duke University in 1998). Fictional layers and autobiographical threads intersect in this instance.

Emphasizing Hodann's own psychosomatic suffering which ultimately led to his suicide after the end of World War II, the text merges detailed presentations of the psychologist's asthma attacks and his lucid analysis of the need to work along, and at times cut through, permeable boundaries of rationality, both for individuals and for the resistance network. In one of his final conversations with the narrator, Hodann prefaces a detailed historical excursion into methods of torture and execution with a diagnosis that contextualizes the mother's stupor:

> [...] the faces of terror did not embody the uncanny, they could be infinitely varied to ever more unimaginable cruelties, what really constitutes the uncanny was that which had become immobile, this gigantic unapproachable order that merely utters anything alarming, an order that simply is there, exercising its impact in a seamless manner, and determining everything that finally, through a wide network of detours, chokes us to death and obliterates us. The uncanny, he repeated, [...] is [...] our inability to recognize the unassuming and compact character of the fixed order.[12]

In other conversations with the nameless narrator whom he caringly mentors, Hodann emphasizes the urgent need to craft rational correlations even with the most terrifying experiences. This experimental epistemic consent, Hodann argues, implies extreme risks, including the risk of the thinker's own demise, but, as Hodann insists, "it is imperative that, when we perish, we perish wide awake."[13] During another exchange with the narrator, Hodann suggests that the radical interpretive chasm between the resistance fighters' clandestine dialogic network and the world inhabited by the mother might remain unbridgeable, since it correlated with

> a contradiction between claiming not to turn away from anything, not to deny anything, and our inability to fully comprehend my mother's life. Recognizing all final consequences of everything that happened required a rare individual constitution, humans who were gifted with it were immensely endangered, since, even though they looked further and deeper than we could, they were unable to survive in our world. For these humans, only two options were available, either the ever more hermetic retreat into their hallucinations, in which isolation gradually deprives them of any sense of social coherence, or the path into the realm of art.[14]

However, as part of their struggle to comprehend the mother's disappearance from the nexus of conscious engagement, Hodann and the narrator at times share optimistic mantras of a transitory hermeneutic "not yet," a figure of utopian thought with which Weiss pays homage to the philosopher Ernst Bloch (1885-1977), whose utopian thought makes ample use of anticipatory topoi, such as "noch nicht," and "Vor-Schein." Weiss's narrator encapsulates rare moments of conceptual optimism as follows:

> From now on, we inhabited a reality with her [the mother], in which no concepts existed yet for the change that took place in our consciousness. [...] Our inability to follow her had not been the result of

anything metaphysical or mystical. We just were not in possession yet of conceptual tools that could register that which transcended the obvious, and our helplessness was only a temporary one [...].[15]

A similar moment of ethical and epistemic optimism surfaces in the narrator's conversations with the exiled Rosalinde Ossietzky, a character who, like all protagonists in Weiss's novel, is based on a real person, Rosalinde von Ossietzky-Palm (1919-2000), daughter of the Nobel Prize winning journalist and publisher Carl von Ossietzky (1889-1938), who was tortured and murdered in a concentration camp. "The powers that want to terrify and paralyze us," the narrator tries to convince Rosalinde, "were no phantoms but could all be clearly defined by name."[16]

Abandoning any comfort through, and avoiding new exposures to, open dialogues, the maternal figure in Weiss's opus magnum turns to, and into, silence. Her withheld, swallowed screams co-author the vertigo that maintains the multilayered coherence of Weiss's textures. Having severed all communicative chords, the receding mother's face ("das Gesicht der Ge") triggers her son's narrative drive by threatening its irreversible paralysis. The terrifying experience of the maternal presence slowly withering away asserts itself at the same time as a reassuring source that sustains the son's drive to write: "[Y]et still, the power that emerged from her was so enormous that we trembled whenever we touched her."[17]

In Weiss's *The Aesthetics of Resistance*, acts and processes of narration at once retrace escape routes from trauma and madness, and constantly reopen psychic wounds. Self-inflictions of hermeneutic helplessness, streams of unconsciousness in the novel's irreversible receding maternal voice nourish a more nuanced and resilient praxis of unorthodox remembrance, an aesthetic and historical awareness that refrains from the brutality of triumphant immediate conclusions.

Imagens da Loucura 179

The mother's stupor in Weiss's novel, a work that Jameson calls "[a] monument to radical instants,"[18] resists quick comparisons, even the belabored ones attempted by her narrating son, who compares her with myths and with Albrecht Dürer's *Melencolia* engraving (1513-14). Any attempt to explain away the haunting vanishing points of faces, and facelessness, that drives memories of the Shoah to the limits of what the mind can endure, Weiss's text insists, "would result in the extinction of the work,"[19] the works that the protagonists and their readers absorb and discuss, and the work of reading and of practicing perceptive courage.

Notes

[1] "Und in der Sprachlosigkeit, durch diese Sprachlosigkeit, durch das Verweigern von Sprache, von Text, wird ein Zerstörungspotential freigesetzt. Von der Sprache ist das zivilisatorisch überdeckt" (Müller 860). All translations are my own.

[2] For a comprehensive and balanced discussion of the value of psychiatric definitions, see Ghaemi.

[3] See my outline of how to continue an alternative interpretive tradition that reflects Schelling's methodological suggestions in Berwald (2008).

[4] For a comprehensive study of Weiss's works, see Berwald (2003). Weiss's novel *Die Ästhetik des Widerstands* is analyzed on pages 107-29.

[5] "[…] so zerstört, daß sie die Verunstaltungen, denen sie anheimfielen, nicht einmal mehr erkannten" (Weiss I, 171). "Das Alpdruckhafte lag darin, daß ein irreal erscheinendes Gebilde Anspruch darauf erhob, die alleingültige Wirklichkeit zu vertreten. […] Ein System, das wir irrsinnig nennen wollten, hatte als das normale zu gelten" (II, 167).

[6] "Das Gesicht meiner Mutter war leer und stumpf, ihr Mund war halb geöffnet, ihre Augen starrten vor sich hin und erkannten mich nicht" (Weiss III, 7). "[…] dieses Gesicht [der Mutter], groß, grau, abgenutzt von den Bildern, die sich darüber hergemacht hatten, eine steinerne Maske, die Augen blind in der Bruchfläche. Es war das Gesicht der Ge, der Dämonin der Erde […]" (III 20). The emphasis on faces that are subjected to violent images refers back to a passage in the first volume of the novel: "Die Katastrophe, die hier über die Gesichter und Körper hergefallen war, besaß Dimensionen, die wir noch nicht zu fassen vermochten" (I, 339).

⁷ "Meine Mutter spürte die dichte Wärme, sie gehörte zu diesen schwitzenden Leibern, sie ergriff eine der heißen Hände, umschloß deren Finger, und wie die Hände sich aneinander klammerten, so drückte ihr Gesicht sich an eine feuchte Wange. Arme, Brüste, Hüften, struppige Bärte, ein Gemenge aus Gliedern, pochenden Herzen, rauschenden Atemzügen, und daß sie mitten unter ihnen war, verlieh ihr Kraft. Die faulige Ausdünstung war für sie wie ein Blühen, tief sog sie den Geruch ein, sie lebte in diesem Organismus, nie würde sie hinaus wollen aus dieser Geschlossenheit, eine Trennung wäre ihr Verderben, ihr Untergang" (Weiss III, 12).

⁸ "[…] und dann war da noch diese Frau, eine Frau habe sie gesehn, und die Frau habe ein Kind getragen, und ein Mann sei neben ihr gewesen, und es seien drei Soldaten gekommen, die hätten der Frau das Kind entrissen und es geworfen, und die Soldaten hätten den Mann niedergetreten und sich dann über die Frau hergemacht und sie zu Tode gemartert, vor den Augen des Manns, und dann hätten sie den Mann weggeführt, um ihn irgendwo zu erschießen. […] Mein Vater hatte sie gefragt, warum sie ihm dies erst jetzt sage, aber da war sie schon stumm" (Weiss III, 130).

⁹ "Je unausweichlicher die Trennung von meiner Mutter wurde, desto fragwürdiger und fremder wurden mir die künstlerischen Mittel. Wie sollte ich noch Nähe und Gewißheit in der Kunst finden, wenn meine Mutter, die mir am nächsten gewesen war, sich nicht mehr zu erkennen gab" (Weiss III, 131). "[…] das Schweigen meiner Mutter mir die Stimme lähmen wollte […]" (III, 9).

¹⁰ "Zweimal wird die Mutter, die selber ihre inneren Bilder nicht mehr mitzuteilen vermag, von ihrem Sohn zum Bild gemacht. Diese Verwandlung vom stummen Subjekt innerer Bilder zum Objekt eines Deutungsvorgangs, der selber mit Bildern arbeitet […]" (Delisle 161).

¹¹ "[…] die Gewalt einer Seuche, und indem er sie nannte, stellte er die Diagnose der Krankheit, der meine Mutter zum Opfer gefallen war" (Weiss III, 15).

¹² "Vom Hustenanfall geschüttelt floh er in einen Torgang, spuckte ins Taschentuch und sagte mit rasselnden Lungen […] das unheimliche sei nicht in den Schreckensgesichtern zu sehn, diese könnten sich, in unendlicher Folge, bis zu immer unvorstellbarer werdenden Grausamkeiten variieren lassen, das Unheimliche sei vielmehr das ein für alle Mal Feststehende, diese riesige, unnahbare Ordnung, die kaum etwas Beunruhigendes von sich gibt, einfach nur da ist, mit Selbstverständlichkeit fortwirkt und all das bestimmt, was uns dann schließlich, auf weit verzweigten Umwegen, erwürgt und vernichtet. Das Unheimliche, wiederholte er, an die Wand des Treppenhauses gelehnt, ist nicht das Grauenhafte, das wir doch, wenn wir uns anstrengen, zu sehn

vermögen, sondern unsre Unfähigkeit, das banale, kompakt Unverrückbare zu erkennen" (Weiss III, 47).

[13] "Wir versuchen, sagte er, Übereinstimmung herzustellen mit allem, was uns widerfährt, auch mit dem Furchtbarsten, um Abhilfe zu schaffen, selbst wenn es um den Preis geschieht, dabei zugrunde zu gehn, zugrunde gehn aber müssen wir hellwach" (Weiss III, 131-32).

[14] "daß ein Widerspruch bestehe zwischen der Fordrung, sich von nichts abzuwenden, nichts zu verleugnen, und unserm Unvermögen, das Leben meiner Mutter ganz in uns aufzunehmen. Eine besondre und seltne Konstitution gehöre dazu, in allen Vorgängen die letzten Folgen zu erkennen, ungeheuer gefährdet seien Menschen, denen dies gegeben sei, denn sie könnten sich, obgleich sie weiter und tiefer schauten als wir, in unsrer Welt nicht mehr behaupten. Für diese Menschen gebe es nur zwei Möglichkeiten, entweder den immer hermetischer werdenden Rückzug in ihre Halluzinationen, in denen die Vereinsamung ihnen allmählich den Sinn für das Zusammensein mit andern Menschen raube, oder den Weg in die Kunst" (Weiss III, 132).

[15] "Fortan lebten wir mit ihr […] in einer Realität, in der es noch keine Begriffe gab für die Verändrung, die sich in unserm Bewußtsein vollzog" (Weiss III, 131). "Unser Unvermögen, meiner Mutter zu folgen, war nicht durch Metaphysisches, Mystisches bedingt gewesen, wir besaßen für das, was das Offenkundige überstieg, nur noch keine Register, unsre Hilflosigkeit war eine vorläufige […]" (III, 135).

[16] "die Mächte, die uns erschrecken und lähmen wollten, waren keine Phantome, sondern alle beim Namen zu nennen" (Weiss II, 172).

[17] "Schmächtig, mehr und mehr ausdörrend, lag sie unter dem Laken, und doch ging eine solche Kraft von ihr aus, daß wir bebten, wenn wir sie anrührten" (Weiss III, 130).

[18] See title of Jameson's article.

[19] "Jeder Versuch, das Abgebildete unmittelbar zu erklären, würde zum Erlöschen des Werks führen" (Weiss I, 339).

Works Cited

Berwald, Olaf. *An Introduction to the Works of Peter Weiss*. Rochester: Camden House, 2003.

---. "Mythos und Methode. Notizen zur posthumanen Idylle." *Derrida und danach? Literaturtheoretische Diskurse der Gegenwart*. Ed. Gregor Thuswaldner. Wiesbaden, Ger.: VS Verlag, 2008. 101-10.

Delisle, Manon. *Weltuntergang ohne Ende: Ikonographie und Inszenierung der Katastrophe bei Christa Wolf, Peter Weiss und Hans Magnus Enzensberger*. Würzburg, Ger.: Königshausen & Neumann, 2001.

Ghaemi, S. Nassir. *The Concepts of Psychiatry: A Pluralistic Approach to the Mind and Mental Illness*. Baltimore: Johns Hopkins UP, 2003.

Jameson, Fredric. "Foreword: A Monument to Radical Instants." *The Aesthetics of Resistance*. Vol. I. By Peter Weiss. Durham: Duke UP, 2005. vii-xlix.

Müller, Heiner. *Werke 12: Gespräche 3. 1991-1995*. Frankfurt a.M.: Suhrkamp, 2008.

Weiss, Peter. *Werke 3: Die Ästhetik des Widerstands*. 3rd ed. Frankfurt a.M.: Suhrkamp, 1998.

To the Left of the Father: Destroying the Stereotype of Madness on the Brazilian Screen

Alessandra M. Pires
Missouri State University

[...] só desequilibrados é que descobrem que este mundo não tem importância. O bom senso é uma prisão.
— Raduan Nassar, *"A conversa"*

Happy families are all alike; every unhappy family is unhappy in its own way.
— Tolstoy, *Anna Karenina*

This article examines Luiz Fernando Carvalho's treatment of madness in the film *Lavoura arcaica* (Archaic Harvest 2001), based on the homonymous novel from 1975 by Brazilian writer Raduan Nassar (1935-). Curiously, madness is easier to define and categorize than everyday normalcy. As psychoanalyst Adam Phillips remarks, "Madness is all too visible; by definition, perhaps, it makes someone difficult to ignore" (2005, 19). Carvalho does not deny the developments of madness that the plot proposes; on the contrary, the director conveys the intertwining of his characters in order to question both their common sense and the common sense of the audience. Although madness has often been understood as an unwelcome result of a breakdown, certain aspects of the film (for example, when a character's mad energy promotes positive changes in his life) subvert simplistic negative views of madness.

The narrative and aesthetics in the film — which received thirty-two awards and fifteen nominations in international film festivals in Latin America, Canada, and Europe — are quite faithful to Raduan Nassar's work. A writer of Lebanese descent, Nassar published only two novels and one anthology of short stories: *Lavoura arcaica* and *Um copo de cólera* (1978), and *Menina a caminho* (1984). In spite of his few titles, the validity of discussing his fiction has never been questioned.[1] Much to the distress of Brazilian intellectuals, the writer's disgust with the politics of the arts led him to quit writing in favor of a retired life on a farm.[2] Nassar also remains controversial due to a writing style that challenges the reader's perception at first. Harsh dialogues, soliloquies, daydreams, and nightmares bursting with hubris and *démesure* characterize his writing.

In this essay, I take the movie as a point of departure for investigating the translation of a literary work into filmic narrative, which is told primarily in the first person with a third person narrator voice in off, appearing from time to time. Film director Luiz Fernando Carvalho transformed Nassar's literary work into an exploding visual, yet paradoxically silent and musical experience. Carvalho's *Lavoura arcaica* portrays the faces and repressed desires that shoulder the same austerity as the patriarchy of the family. In the director's words, the movie "left to be inhabited by the novel, it allowed itself to be invaded by the text."[3] I focus my study on the film adaptation of the novel, more specifically on segments of quiet madness within the protagonist's family. In the movie, restraint and madness are presented as possibilities of subversion of the status quo and destruction of patriarchal order. As critic Maria Wolff writes about the novel, "*Lavoura arcaica* is not the story of the affirmation of a traditional order, but of its subversion or destruction" (65).

For the film's audience, the representation of madness starts with the characters' gestures. Their lack of language is splashed onto the screen, like the work of a painter in a moment of expressive decision. The characters' repressed language justifies the absence of dialogue, which exposes a heavy atmosphere during meals in *huis clos* (behind closed doors). André, the protagonist, speaks of the pain experienced at the table with all his siblings, mother, and father: "Our code of conduct: prohibited excess [...]. It was also at the table, eyes looking down, that we would submit to our daily learning on justice [...] three times a day our ritual of austerity."[4]

As the philosopher Slavoj Žižek explains, voice may be represented as "a *silent* scream or a vibrant tone, that is, the moment when a scream *resounds*" (2005, 93), a scream such as the ones with which André punctuates his conversations with his brother and father. A painful silence is expressed by all the siblings when sitting at the table. André, his brothers, and his sisters are not able to express their opinions or desires. As Suzi Sperber comments regarding the novel, "A fala didática do pai se opõe à fala convulsa do filho" (60). In the moment when André returns home, he screams: "I am seventeen years old and I am perfectly healthy [...]. In this land I will found my church, naked as I was born [...]. I want to be the prophet of my own story [...]. I can do it, I can be the prophet of my own story."[5] On this account, the objects' voice and gaze occupy fundamental places: gaze is a blind spot within the field of the visible, whereas the object voice is silence (Žižek 2005, 91).[6] In the movie, the weight of silence, an important means of communication, explodes into non-verbal, physical language, which is demonstrated by fights that prove that the characters' restraint borders on hopelessness. Silence, therefore, equals a state of despair. This filmic narrative strategy mirrors the novel's fragmentation; "its long, complex sentences have a biblical, 'archaic' ring, and its theme, the rebellion of son against his father, [is] an old one" (Wolff 63). An example of compelling silences in the film is André's interpretation of his mother witnessing him leaving the farm: "I heard from her eyes a dilacerated scream from childbirth."[7]

The long opening scene of the film has no words, only onomatopoeic sounds, such as the sound of a train coming or of André masturbating. Pedro, who, as André's eldest brother, represents his father, knocks on the door and enters André's room uninvited, carrying the father's words, "We love you very much, André."[8] The family reclaims the son, who has been absent from the household for some time. Pedro provides a robust sermon, as though the father speaks through him, intending to recapture André when he is strong yet fragile in his alcoholic and depressive state. Using phrases like "Mother can't hide her sobbing anymore,"[9] Pedro convinces André to return home with him.

The film's obvious display of taboos that prevail in the patriarchal system creates a vibrant silence, therefore promoting a new reading of Nassar's novel. The cinematography allows the characters to express language through their physical appealing and needs — especially the two siblings André and Ana, protagonists of the family's fate in regard to their tyrannical father and surrounding prohibitions. At times, colors and sounds overpower dialogues; silence plays its role in underlining the burden that the family bears. It is silence that reveals the plot. For instance, in the scene in which Pedro tries to convince André to return home, there is no explicit conversation between the two brothers, only a terrifying gaze. During five minutes, gaze maintains a constant pressure upon the characters' desires. The paternal prohibition stands for what one does not see, the same way the character's silence stands for what one is unable to voice. Death appears as the ultimate solution to escape the father's domain. Only death may relieve André and his sister of their burden, in opposition to the father's admonishing at the table that "it is through restraint that we escape the perils of passions."[10] The father believes that passions can only lead to a dilacerating path, one that he himself cannot avoid in the final scene of the film. The father somehow takes the same path that André chooses when he consummates his desire with Ana. In a silent scene, the siblings finally unite in the spread hay on the farm. André thanks God for the miracle of this passion and remarks in a scream that, together, the two siblings would ignite the world.

The table where the family gathers for their daily meals evokes the name of the father, or the father's power over his family.[11] Each family member remains quiet during these mandatory encounters. The father lectures his wife and children with sayings, quotes from the Koran and the Bible, and ancient parables, such as the one about a starving beggar learning patience. Later on, the father applies the parable to André upon his return home. The canonical quotes are like symptoms that are forever present and latent. André puts his fathers' words into question when he displays his inherent drive to love and kill — the two main prohibitions that lie underneath the family's table and in everyone's mind. Sitting at the table side to side, the family members see no exit, except for those who decide to rebel against the power of the father. Facing one another at the table and unable to stare at the father's eyes or to voice an opinion, André, his siblings, and his mother communicate to the audience the impossibility of untying the knots in this family.

The family members live through their desire to escape the father's house, just like the youngest brother desires to leave and acquire another perspective on life. Nevertheless, as Lula perceives to live in a home without love, his desires transform themselves into a desire to die.[12] André's escape into self-destructing acts, his life in a filthy and old apartment, also represents the protagonist's death, the same way that Ana's retiring to the chapel's farm, in an endless mourning during her brother's absence, represents her death. Death is also a presence in the father's repetitive language, which hammers on and resounds in the family's minds and bodies. According to André, death is in everyone's mind: "Our deaf plans of homicides [...] I knew the bodies of the whole family."[13] It is André who will throw the system upside down once again by returning home and unexpectedly speaking up and confronting his father in a lengthy dialogue.[14]

As portrayed in the movie, the main punishments for a family member include losing one's mind, losing one's composure, or becoming a marginal within one's own group. Filmmaker Carvalho introduces madness in an abrupt and at the same time paradoxically gradual fashion in his narrative. The father's ferocious words to the family foreshadow the painful breakdown into which André plunges. What is at stake is not the protection of a son's sanity, but the maintenance of order in the family. Listening to an utterly unbearable inner voice, one that is disconnected from reality, André finds no other way to maintain order, but to flee the household, leaving behind his beloved Ana. Full of shame and guilt, André takes refuge in a small apartment in the city, in a place where his own inner scream for silence reigns, despite his listening to Pedro's sermon in the end of their conversation.

No one listens to André, except for Ana, his sister and comrade, and the other black sheep of the family. Having left home, the escaping brother finds no other means of bearing his pain but to drink to the point of hallucination. This mental state provokes André's epilepsy.[15] As a consequence, he declines rapidly into a mental breakdown. His alcoholism and hearing of voices, followed by fever and delirium, contribute to a belief that André has lost his mind. The father represents the social power emanating the ever-present tyranny of a "phantasmatic hold."[16] There is no exit to this son, only a lack of voices and love, and the hovering threat of death. To break the father's hold, it would be necessary to rebel against him. The symptom that prevails is the submission to the father's rule, for it provides suffering as well as some comfort, as symptoms often do.

In Sigmund Freud's work *Totem and Taboo* (1913),[17] the horror of incest between members of the same group, in particular between brothers and sisters, is protected by the laws that the totem dictates, and it finds solution to a latent, everlasting problem: the desire to be desired, as Lacan would define it.[18] "Totemic exogamy, the prohibition of sexual intercourse between members of the same clan, appears to have been the appropriate means for preventing group incest; it thus became established and persisted long after its *raison d'être* had ceased" (Freud 11). What the audience envisions in the movie *Lavoura arcaica* is the gigantic figure of a father that is protected by three totems: the sacred Koran, Biblical sayings and parables, and ancestral wisdom. Besides sexual prohibition, the members of the clan ought to comply with the law of the totem by not killing. Killing is, however, one of the transgressions that the spectator witnesses. As the father first perceives the siblings' desire for each other, he becomes horrified; he transgresses his own law by acknowledging the power of his instincts in the final scene. Unable to protect his clan or himself from the perils of desire, the father falls after the death of his daughter Ana, who invokes the family' wounds.

André, whose name means "the man" or "virility incarnated" (from the Greek *Andros*), is the only son that manages to escape home. André leaves the house in order to avoid acting on his desire toward his sister as well as to protect her from their incestuous desire. In the novel, time and space are displaced, since a first-person narrative leads the spectator to a state of mind as feverish as that of André and Ana. At the same time, Nassar emphasizes a timeline, giving his narrative a legend-like feeling: "time, time, the ultimate devil providing qualities to all things, still today and always, is the one that decides and, therefore, the one to whom I bend my knees full of fear."[19] In the movie, the novel's scenes that portray the family at the table are revealed in flashbacks and stillness. This immobility suggests the family's stagnation in an atemporal present. The present is a fixed time, whose function resides in maintaining the Earth, the mother of all, and in keeping the herd submissive. A mythical time prevails: one that has been already traced and that will be forever revisited. As in legend, the earth mother holds power over everyone; nevertheless, the mother in the film has no more than a miniscule voice. Her role is reduced to the function of a child bearer and bread maker. Having suppressed her longing for protecting and loving her children, the mother is the most submissive of all characters: she lives enclosed in the silence of gestures and caresses timidly offered to her children and fears subverting the patriarchal order with her love. In the film, the mother remains vigilant and realizes how rapidly, following her children's incest and André's departure and return, violence may unveil repressed truths. The act of silencing people through violence or, more specifically, a violent discourse is, however, a prerequisite to rule the clan and keep an apparent peacefulness.

The family's pain, their forced silence, and passage of time are transposed onto the screen through Arabic drums and songs, voices, gazes, and the landscape. Bass drumbeats convey the repressed scream of the characters; rare and soft voices demonstrate the lack of corporeal movement and interaction; the omnipresent drum sounds represent the banning of love from the household, the real transgressor in this archaic harvest. Love has no place, for it leads to distress, since it contributes to body-related thoughts that often lead to disaster. It is relevant to mention that the real disaster is not achieved when André leaves the household, but rather when he returns home. André's story echoes the parable of the prodigal son, at the same time subverting it.[20]

The audience experiences the Arabic music exposing everyone's naked desires. During this grand festive event, Ana dances in order to celebrate André's return; she resembles a sinful dancer that incarnates Christian original sin. Ana's realization of a coming end and her effort to avoid it by continuing dancing evoke Scheherazade's unending stories. In Ana's case, her dance will only be interrupted by her father's act of murdering her. Ana's smile in the final scene of the movie, displayed as she is killed, demonstrates her willingness to die rather than to submit to the prison of her current life. The metaphorical disintegration of her body by the father's loud voice contrasts with all the other characters' behavior, in particular her siblings' screams. Furthermore, her sensuality during this last scene unveils a long-suppressed desire for both love and death, a perfect blending of Eros and Thanatos.[21] Whether or not Ana and André have committed incest is a matter of less importance than the fact that a woman has acquired a voice after years in a speechless, loveless incarceration.

Ana's religious fervor and faith do not contribute to her salvation. Having worn a black veil during André's absence and prayed at the farm's chapel throughout the film, Ana sees the almighty God of her household, the father, as someone who is not able to listen to a daughter or to any woman, especially one who dares to break a taboo. Praying is the only language that Ana has learned within the prison of her family. Religion as portrayed in this movie conveys how little dogma can do on behalf of distressed and desperate individuals. The figure of the father cannot bear his daughter expressing her sensuality and wearing the trophies of André's vicious life found in a box where the latter kept souvenirs from his life in brothels and his experiences with women. Dressing like a prostitute and vigorously dancing, Ana unveils her body before the family. Unable to stand the shameful sight, the father raises his sickle. The same instrument he uses to create life by spreading seed over the earth now serves to kill Ana, a life within the family.

In general, voice carries a disruptive power since it "functions as a foreign body, as a kind of parasite introducing a radical split" (Žižek 2008, 3). In a movie in which silence prevails, voice acquires an even more relevant meaning. In *Lavoura arcaica*, a voice in off leads the audience through the darkness of André's delirium and monologues. Through this device, Carvalho elaborates both on the incest between brother and sister and on the paternal, tyrannical power that leaves no room for anything other than obedience and submission. It is the duty of the family to meet at the table during meals and to listen to the father's sermons, which guide his children and wife into their most inner guilt, therefore rendering them hostages of a paternal voice. In *Lavoura arcaica*, one family member does not look after the other, but rather tries desperately to suppress her opinion. Except for André, each one of the siblings exercises austerity and struggles to expurgate desire and language from her mind. Life under patriarchal tyranny prevents each individual from accessing her own voice.

The siblings' madness in *Lavoura arcaica* somehow liberates them, either through Ana's death or André's refusal to live under his father's deaf rules. In the last scene of the movie, one sees André once again leaving home, the atemporal landscape. At first, it seems to be one more act of compliance with the family's expectation. However, André's departure can also be interpreted as a (re)birth or an act of liberation. In other words, it is a first step towards entering a present time that may allow the protagonist to face what lies beyond his father's dogmas, for the first time creating rather than simply reciting an already learned truth.

Notes

[1] In 1984, Raduan Nassar declared that he would stop writing. Regarding the decision to publish a monothematic volume of *Cadernos de literatura brasileira* dedicated to the works of Raduan Nassar, one reads: "Para os CADERNOS a questão nunca se colocou. Por dois motivos. O primeiro: *Lavoura arcaica* e *Um copo de cólera* foram mais do que suficientes para situar Raduan entre os escritores de maior envergadura surgidos no país depois de Guimarães Rosa e Clarice Lispector. Pela extraordinária qualidade de sua linguagem, os dois livros representam, sem exagero, verdadeiros momentos de epifania da literatura brasileira" (Instituto Moreira Salles 5).

[2] "Para Raduan Nassar, o capítulo menos atraente da literatura sempre foi o do burburinho literário — noites de autógrafos, debates, assédio da imprensa. Resultado: ele jamais admitiu autografar suas obras em festas de lançamento, não hesitou em comparecer a um encontro de escritores na França só para dizer à plateia que nada tinha a declarar e descobriu um modo educado de falar aos jornalistas que podia recebê-los, sim, a qualquer hora, desde que a conversa não girasse em torno de literatura ou temas afins. Não é de estranhar, portanto, que sejam raras as entrevistas dadas por Raduan" (Instituto Moreira Salles 23).

[3] "[...] deixou-se habitar pelo romance, ele se deixou invadir pelo texto" (Carvalho 2002, 18, my translation into English)

[4] All quotations from this point on are from the movie *Lavoura arcaica*, unless otherwise noted. "Nosso código de conduta: excesso proibido [...]. Era também à mesa, de olhos baixos, que fazíamos nosso aprendizado da justiça [...] três vezes ao dia o nosso ritual de austeridade" (Carvalho 2006).

[5] "Tenho dezessete anos e a saúde perfeita [...]. Sobre essa terra fundarei minha igreja, nu como vim ao mundo [...]. Eu quero ser o

profeta da minha própria estória [...]. Eu posso, eu posso ser o profeta da minha própria história."

[6] "The true object voice is mute, 'stuck in the throat,' and what effectively reverberates is the void: resonance always takes place in a *vacuum* — the tone, as such, is originally a lament for the lost objects" (2005, 91). In the same chapter of this book, Žižek explains the role of voice and gaze: "Voice and gaze are the two objects added by Jacques Lacan to the list of Freudian 'partial objects' (breasts, feces, phallus). They are *objects*, that is to say, they are not on the side of the looking/hearing subject but on the side of what the subject sees/hears" (91).

[7] "Ouvi dos seus olhos um grito dilacerado no parto."

[8] "Nós te amamos muito André."

[9] "A mãe não consegue mais esconder as suas lágrimas."

[10] "É através do recolhimento que escapamos ao perigo das paixões."

[11] Lacan's concept of the Name of the Father appears as "a fundamental prohibition [that], far from functioning in a merely negative way, is responsible for the excessive sexualization of the most common everyday events" (Žižek 2008, 85) along with the big Other — "I call the capital Other (*le grand Autre*) the locus of speech and, potentially, the locus of truth" (Lacan 129). It is thus noticeable that these notions frame the individuals' eternal submission to this unknown Superego that supersedes and rules one's own desires, which by a general rule are transgressors.

[12] Death and love can be described as a perennial dichotomy that leads the human being. Love, according to Adam Phillips, is linked to desire and bound to frustration. Therefore, death appears to be the ultimate goal of desire. Adam Phillips describes falling in love as a moment when "desire begins (again) to contend with perversion, to stake a claim. Indeed, any experience that would have been described in old-fashioned language as a passion I would describe as a clash and a collaboration between perverse intent and hopeful desiring" (2006, 179).

[13] "Os nossos projetos surdos de homicídio [...]. Eu conhecia o corpo de toda a família."

[14] In *Lavoura arcaica*, it is the "other" who shares the same symbolic table that disrupts an established order. As Žižek explains the disruptive power of the familiar other, "When in his *L'éthique de la psychanalyse*, Lacan emphasizes Freud's restraint toward the Christian 'love for one's neighbor,' he has in mind precisely such embarrassing dilemmas: it is easy to love the idealized figure of a poor, helpless neighbor, the starving [...], in other words, it is easy to love one's neighbor as long as he stays far enough from us, as long as there is a proper distance separating us, when we start to feel his suffocating proximity — at this moment when the neighbor exposes himself to us too much, love can suddenly turn into hatred" (2008, 9).

[15] Epilepsy is portrayed as another sign of his being a marginal within the clan and it points towards his shame of not being born perfectly healthy. Throughout history, epilepsy has been often associated with madness and schizophrenia. Adam Phillips describes the individual with schizophrenia as "someone so engrossed by the futility of collaboration, someone so determinedly or definitively inaccessible that in the history of psychiatry and the psychotherapies the schizophrenic has been a kind of cause célèbre, and schizophrenia has become the exemplary modern instance of insanity" (2005, 136).

[16] As Slavoj Žižek explains when analyzing Orson Welles's Kafka-based film *Trial* and Wagner's opera *Parsifal*, "if we are to overcome the 'effective' social power, we have first to break its phantasmatic hold upon us" (2005, 97).

[17] In *Totem and Taboo*, Freud explains the habits of distinct clans around the world and the implications of these habits within families. The totemic figure that represents a clan has its purposes both in the history of anthropology and in psychoanalysis. According to Freud, a totem serves to protect members of the clan from having intercourse with blood relatives (8). Totem is "the common ancestor of the clan; at the same time it is their guardian spirit or helper [...]. Conversely, the clansmen are under a sacred obligation (subject to automatic sanctions) not to kill or destroy their totem and to avoid eating its flesh" (Freud 5). In Sperber's words, "incesto, segundo Freud [...], é anterior ao totem. No princípio, o tabu vem para organizar a sociedade. Os objetivos do tabu são muitos, dentre eles, a guarda dos principais atos da vida — nascimento, iniciação, casamento e funções sexuais, etc. Quanto mais arcaica ou mais primitiva a sociedade, mais se evitam as relações entre pai e filha, mãe e filho, irmão e irmã, sogra e genro, etc. [...]" (62).

[18] The desire to be desired, according to Lacan, revolves around an Other that is the epicenter for one's own desire. The French word *Désir*, however, as Alan Sheridan reminds, "has the much stronger implication of a continuous force" (278).

[19] "O tempo, o tempo, demônio absoluto conferindo qualidade a todas as coisas, é ele ainda hoje e sempre quem decide e por isso a quem me curvo cheio de medo [...]" (Nassar 1989, 99, my translation into English).

[20] "Por meio das lembranças de André, conhecemos os porquês de sua partida: a autoridade paterna e o carinho excessivo da mãe que culminam num incesto. O incesto entre André e sua irmã, Ana, acaba sendo uma forma de extravasar os anseios do corpo, ao mesmo tempo em que está profundamente ligado às ambigüidas inconscientes de sua relação com a mãe. O incesto ainda contraria as leis da cultura, os preceitos sagrados nos quais se apóia o discurso paterno. Por fim, a volta do filho

Imagens da Loucura

abala, de forma irremediável, a família, terminando com o assassinato da irmã pelo pai" (Sperber 54).

[21] As psychoanalyst Jacques Lacan proposes, the encounter between life/love and death characterizes the moment when the Real surfaces. As Žižek explains, "the Real is not only death but also life: not only the pale, frozen, lifeless immobility but also 'the flesh from which everything exudes,' the life substance in its mucous palpitation" (2008, 26).

Works Cited

Carvalho, Luiz Fernando, dir. *Lavoura arcaica*. Kino International Corporation, 2006.

Carvalho, Luiz Fernando, Fernando Solanas, Andre Paquet, and Carla Fernandes, eds. "*Lavoura arcaica*: encontro para uma conversa / Recontre pour une conversation". *Cinémas d'Amérique latine* 10 (2002): 17-27.

Freud, Sigmund. *Totem and Taboo*. New York: W.W. Norton, 1989.

Instituto Moreira Salles. *Raduan Nassar. Cadernos de literatura brasileira*. São Paulo: Instituto Moreira Salles, 1996.

Lacan, Jacques. *The Four Fundamental Concepts of Psychoanalysis. The Seminar of Jacques Lacan. Book XI*. Ed. Jacques-Alain Miller. Trans. Alan Sheridan. New York: W.W. Norton, 1998.

Nassar, Raduan. *Lavoura arcaica*. Rio de Janeiro: Companhia das Letras, 1989.

---. "A conversa". Interview. Instituto Moreira Salles 23-39.

Phillips, Adam. *Going Sane*. New York: Harper Perennial, 2005.

---. *Side Effects*. New York: Harper Perennial, 2006.

Sperber, Suzi Frankl. "Lavoura arcaica sob a égide do tempo". *Revista online do grupo de pesquisas e estudos em cinema e literatura* 1.5 (2008): 52-71.

Tolstoi, Leo. *Anna Karenina*. Trans. Constance Garnet. New York: Barnes and Noble Books, 2003.

Wolff, Maria Tao. "Em paga aos sermões do pai: *Lavoura arcaica* by Raduan Nassar." *Luso-Brazilian Review* 22.1 (1985): 63-69.

Žižek, Slavoj. *Enjoy Your Symptom! Jacques Lacan in Hollywood and Out*. New York: Routledge, 2008.

---. "I Hear You With My Eyes; or The Invisible Master." *Gaze and Voice as Love Objects*. Eds. Renata Salecl and Slavoj Žižek. Durham: Duke UP, 2005. 90-129.

"Qué No Diera Yo por Saber Qué Hacer": Desenredos da Loucura em *Delírio*, de Laura Restrepo

Luciana Namorato
Indiana University

We will have to ask, whenever sanity is invoked, what is it being used to transform or to conceal, what is the conflict it is being used to resolve?
— Adam Phillips, "The Suspicion of the Thing"

No primeiro parágrafo do romance *Delírio* (2004), Laura Restrepo abre ao leitor a porta de um quarto de hotel para apresentar-lhe Agustina Londoño, "sentada al fondo, mirando por la ventana de muy extraña manera" (11). O estupor de Agustina torna-se principal objeto da curiosidade do leitor, que compartilha com Aguilar, esposo da protagonista, o que Roland Barthes denomina "paixão pelo significado"[1] — o desejo de conhecer e compreender o impulso que move tanto o ato da escrita como o da leitura. Tomando emprestada a oposição entre história e enredo proposta por E. M. Forster em palestra de 1927[2], pode-se afirmar que, a princípio, Aguilar e o leitor de *Delírio* acreditam progredir em seu objetivo de desvendar a história de Agustina — ou seja, a narrativa de suas experiências organizadas em seqüência temporal — de forma a entrever o enredo de sua doença mental — em outras palavras, a narrativa destas mesmas vivências compreendidas como causas de seu delírio. O desenvolvimento do romance, entretanto, frustra as expectativas tanto de Aguilar como do leitor.

Se, por um lado, os eventos desvendados pela investigação de Aguilar contribuem para delinear com maior precisão a história de sua esposa, esses mesmos eventos não permitem vislumbrar o enredo de seu delírio[3]. Em situação semelhante à de Aguilar, encontra-se o leitor do romance, cujo acesso a eventos ignorados por aquele — o relato da investigação de Aguilar é somente um entre os quatro planos narrativos que compõem o romance — tampouco lhe permitem responder o porquê da loucura da protagonista. Como explicar a resistência da história de Agustina em fazer-se enredo apesar do alto volume de informações a seu respeito, acumuladas nas mais de trezentas páginas de narrativa? Conforme sugere a citação de Gore Vidal incluída como prefácio do romance ("Sabiamente, Henry James siempre les advertía a los escritores que no debían poner a un loco como personaje central de una narración, sobre la base de que al no ser el loco moralmente responsable, no habría verdadera historia que contar"), o "desenredo" de *Delirio* está estreitamente relacionado à loucura de sua personagem principal.

Não se pode contestar que o silêncio e o isolamento da protagonista impedem que ela forneça maiores esclarecimentos a respeito das razões para seu estado mental. Conforme descreve Aguilar, "La mujer que amo se ha perdido dentro de su propia cabeza [...]. Es como si Agustina habitara en un plano paralelo al real, cercano pero inabordable, es como si hablara en una lengua extranjera" (12). Ao oscilar entre estados de estupor e de agitação, Agustina põe em xeque certos pressupostos da narrativa comumente aceitos, como, por exemplo, o que se refere à relevância da motivação por trás das ações dos personagens[4]. As ações e frases que ela repete não significam mais do que seu silêncio: como este, são índices de sua loucura, excessos que com freqüência confundem aqueles que tentam decodificá-los. No entanto, seria por demais simplista interpretar a recusa da história de Agustina a tornar-se enredo como simples conseqüência das limitações de seu confuso estado mental. É possível que, em *Delirio*, a resistência a estabelecer-se um enredo definitivo a respeito da doença mental da protagonista também aponte para a tirania intrínseca aos atos de omissão, escolha e invenção que alicerçam a composição da versão acordada de um determinado evento. Se, por um lado, tanto Aguilar como o leitor falham em sua tarefa de compreender o enredo do desequilíbrio mental da protagonista, as indagações daqueles, por outro lado, sucedem em desvelar o absurdo de se descartarem como loucuras quaisquer comportamentos que não se ajustem às expectativas ditadas pela lógica da tradição, do mercado, da sociedade de consumo, da utilidade ou da narrativa.

Proponho, neste ensaio, uma leitura da problematização do conceito de loucura em *Delirio* por meio da descrição e análise das relações entre o tema do romance — a loucura de Agustina, suas causas, conseqüências e sintomas — e a estrutura da obra. O paralelo entre tema e estrutura não deve ser compreendido, entretanto, como simples exercício autoral de correlação entre forma e conteúdo. Deparando-se com a narrativa violentada e incoerente de *Delirio*, o leitor aproxima-se da situação experimentada pela protagonista e compartilha com Aguilar a frustração de quem se propõe a compreender a loucura confiando justamente em pressupostos por ela questionados. Ao fazer refletir na forma o conteúdo de seu romance, Restrepo ressalta também as limitações do personagem (e, por extensão, do cidadão) marginal como instrumento de denúncia e intervenção na sociedade, e conduz o leitor a reconhecer a delicada fronteira que separa a vida cotidiana do delírio, em outras palavras, a razão da insanidade.

O desencadear da alucinação de Agustina Londoño está intimamente associado aos cativeiros mentais impostos pela violência da vida pública e privada na Colômbia nos fins do século XX. Suas primeiras manifestações de instabilidade emocional ocorrem durante a infância, marcada pelo medo e pelo sentimento de inadequação, e culminam com o que seu esposo descreve como seu transe mais fundo, violento e prolongado" (274). Conforme analisa Carmiña Velasco,

> En los ires y venires de esta familia [Londoño], encontramos igualmente las claves para entender

mucho de lo que nos pasa como país y como sociedad. Esa doble moral que impone el silencio a los hijos que han querido romper la ley del padre y restaurar el equilibrio, impone igualmente en el *juego social* que las familias de *bien* mantengan sus tradiciones y costumbres, aunque estén sostenidas con un dinero de origen oscuro, […]. (159, ênfases da autora)

O romance toma o relato da loucura de Agustina como ponto de partida para a denúncia dos contestáveis valores sobre os quais a prosperidade da família Londoño se sustenta e de que a loucura de Agustina é sintoma.

Comecemos por delinear os contornos da loucura conforme apresentada no romance. O desequilíbrio mental da personagem é marcado pelo silêncio. Entregue à lembrança obsessiva de cenas passadas, Agustina torna-se inacessível aos demais no momento presente. Seu isolamento é o culminar de uma exclusão a que ela fora submetida de maneira sistemática. Por anos, a protagonista abdicara de sua interpretação pessoal dos eventos em nome de versões impostas por sua família. Em *Delirio*, é impossível dissociar a loucura da protagonista do que denomino "violentação do código". A avó de Agustina, seus pais e os comparsas da família Londoño em investimentos escusos explicam os eventos da maneira que mais lhes convém, ignorando qualquer compromisso com a veracidade. O suicídio do avô da protagonista, por exemplo, é comunicado às filhas como regresso deste a sua terra natal:

> ¿Padre se fue a Alemania sin despedirse?, pregunta Eugenia, que ya no sabe qué hacer con su propio sueño de entierro y antorchas a la orilla del río […], Si padre está en Alemania entonces dónde está la noche aquella en que se dejó tentar por el llamado del río, quién se soñó el sueño de que mi padre bajaba al río por descuido mío, que no supe detenerlo [?] […][5]. (310)

As fotos de tia Sofi desnuda, provas do adultério cometido pelo pai de Agustina, tornam-se, nas palavras da mãe desta, fruto da travessura do irmão mais velho, que responde à encenada acusação materna com um conciso "perdón, mamá, no lo vuelvo a hacer" (322); a fuga do filho mais novo transforma-se em viagem de estudos, conforme descreve a seguinte passagem, que faz referência a falsas versões oficiais de outros eventos da vida em família[6]:

> [E]l Bichi se fue para México porque quería estudiar allá, y no porque sus modales de niña le ocasionaran repetidas tundas por parte de su padre; la tía Sofi no existe, o al menos basta con no mencionarla para que no exista; el señor Carlos Vicente Londoño quiso por igual a sus tres hijos y fue un marido fiel hasta el día de su muerte; Agustina se largó de la casa paterna a los diecisiete años por rebelde, por hippy y por marihuanera, y no porque prefirió escaparse antes que confesarle a su padre que estaba embarazada; [...] el señor Carlos Vicente Londoño no murió de deficiencia coronaria sino de dolor moral el día que pasó en su automóvil por la calle de los hippies y alcanzó a ver a su única hija Agustina sentada en la acera vendiendo collares de chochos y chaquiras; Joaco no despojó a sus hermanos de la herencia paterna sino que les está haciendo el favor de administrarla por ellos [...]. (264)

As versões dos eventos acordadas sem a participação de Agustina e por ela aceitas geram sentimentos de culpa, exclusão e invisibilidade. Violentado o código, o discurso torna-se agressivo: ele aliena o indivíduo ao roubar-lhe o direito de interpretar experiências da maneira que mais lhe pareça precisa e apropriada. A violentação e a violência do código explicam a dificuldade, ou melhor, a impossibilidade de comunicação da protagonista. O silêncio de Agustina pode ser comparado àquele que atormenta seu avô, o pianista Portulinus, a respeito do qual este se queixa: "¡si el silencio fuera blanco! [...] Si el silencio no estuviera putamente sucio y contaminado [...], que ojalá el silencio no estuviera corrompido [...]. De ruido, de ruido, ¿de qué va a ser?, ¿es que acaso no oyes?, el silencio está plagado de ruidos que se esconden en él [...]" (221). Seu silêncio "ni es bienhechor ni da reposo" (222); ele é ruidoso, porque é resultado da submissão da protagonista à obsessiva lembrança de eventos e interpretações por ela vivenciados passivamente.

Impedida de participar do processo de elaboração de significado dos principais acontecimentos de sua história pessoal, Agustina retorna a eles durante o episódio de seu delírio. Como Portulinus, que repetia os nomes dos rios da Alemanha em ordem alfabética, Agustina regressa às cenas-chave de sua vida diante das quais ela se viu silenciada. Seu transe é a face exterior de um presente que consiste em insistente retorno a um passado composto de experiências que a protagonista deseja reescrever, mas que lhe são atualmente inacessíveis.

Os excêntricos rituais de Agustina são exemplo de seu aprisionamento ao já dito e ao já vivido, assim como o são frases inteiras que a protagonista repete em pensamento. Os poderes de clarividência que Agustina acredita possuir oferecem-lhe o conforto do supostamente previsível, enquanto os rituais a que ela se dedica — uma "retorcida modalidad del conocimiento [...] que consiste en andar intepretando la realidad por el envés y no por el haz, o sea en guiarse [...] por una serie de guiños secretos [...] que escoge al azar y a los cuales les concede, sin embargo, no sólo poder de revelación, sino además de decisión sobre los acontecimientos de su vida" (157) — proporcionam-lhe limitada ilusão de controle. Testemunha da violentação do código, Agustina reage criando seu código particular de adivinhação, um código incoerente e incompartilhável, desta forma protegido da ameaça de ser apropriado e distorcido por outros.

Os rituais e as frases feitas de Agustina permanecem inalterados com a passagem do tempo. Eles resistem a transformações ou elaborações. Por meio deles, a protagonista distancia-se da possibilidade de interagir com aqueles que a cercam e de porventura intervir nos eventos que testemunha. Agustina é dominada por lembranças do passado que a desconectam do momento presente. Sua entrega à invasão de desagradáveis recordações e ao sofrimento que estas lhe causam é exemplificada por uma cena em que Agustina se queima enquanto seca os cabelos:

> En un mechón mojado me hago un rulo, como mi madre, luego me lo seco y apago el secador porque su ruido no me deja escuchar las palabras de rabia que se dicen, la voz llorosa de mi madre, observo el interior de ese tubo por donde sale el aire y veo que adentro tiene un espiral de alambre. Lo enciendo de nuevo y veo que el espiral se pone al rojo vivo, como un caramelo. Siento deseos de tocar ese alambre tan rojo con la punta de la lengua. Mi lengua quiere tocarlo, muy rojo, muy rojo, mi lengua se acerca, mi lengua lo toca. (115)

A estrutura investigativa de *Delírio* espelha os pensamentos obsessivos e a paralisia de Agustina, já que se caracteriza por um insistente retorno e pela repetição de determinadas cenas e frases, assim como pela quebra da linearidade temporal. O fio condutor da narrativa é a investigação de Aguilar, que reconhece na incomunicabilidade de Agustina um chamado de socorro. Investigando o passado de sua amada sob diversos ângulos, Aguilar acrescenta-lhe mais e mais detalhes, realimentando a esperança de compreender o delírio da esposa e devolver-lhe a razão. Conforme justifica sua dedicação, "la trastornada razón de mi mujer es un perro que me tira tarascadas pero que al mismo tiempo me envía en sus ladridos un llamado de auxilio que no atino a responder" (12), "Qué no diera yo por saber qué hacer, dice Aguilar, pero sólo tengo una angustia monstruosa, catorce noches sin dormir, catorce días sin descansar y la decisión de sacar a Agustina al otro lado aunque ella misma se oponga" (21). Entretanto, os resultados da investigação de Aguilar revelam-se insuficientes. O conhecimento mais profundo do ramo materno da família da mulher, marcado pela doença mental, e de sua infância e adolescência de menina rica, protegida por altos muros e por um pai tirano, permite a Aguilar conhecer melhor sua esposa, mas não justifica a desrazão da protagonista nem inspira receitas para sua cura. Seja conversando com parentes e conhecidos de Agustina, seja examinando os diários de seus avós maternos e os indícios materiais por ela deixados antes de seu desaparecimento, Aguilar, de certa forma, faz o mesmo que sua esposa: ele retorna repetidamente a determinadas cenas com o objetivo de vir a explicá-las de forma definitiva, mas sempre sem sucesso. Semelhante aos pensamentos repetitivos de Agustina, o texto que resulta das investigações de seu esposo é também retorno obsessivo a cenas que, por mais detalhadas que se desenhem, não se esclarecem perfeitamente. Aguilar defronta-se com a impossibilidade de confirmarem-se elos relacionais entre essas cenas e vê frustradas quaisquer esperanças de compreender e reverter sua suposta conseqüência: o delírio da mulher.

Durante a investigação de Aguilar, o leitor revisita determinados eventos que se ampliam e se retificam com o desenrolar da narrativa, mas jamais de maneira conclusiva. Tentando compreender a perda da razão de Agustina, Aguilar recorre, por exemplo, ao pensamento dedutivo e à descrição repetitiva e minuciosa de eventos. Mas ainda que acumule mais e mais detalhes do dia em que saíra de viagem, ele não é capaz de entender as razões por trás do delírio da esposa, conforme sugere a seguinte passagem:

> Cuando se fue para Ibagué, en el apartamento sólo había medio muro verde y a su regreso toda la sala estaba verde ya, de donde Aguilar dedujo que no sólo durante la tarde del miércoles, sino además durante todo el día jueves, su mujer debió permanecer en casa pintando paredes. Ya tenía el cerebro reventado cuando la recogí el domingo en el hotel Wellington, así que lo que debo averiguar es qué sucedió durante el viernes y el sábado. No son cuatro días sino solamente dos, cuarenta y ocho horas de vida, lo que se ha borrado de todos los relojes. (66-67)

A desordem temporal do romance — outra característica do delírio de Agustina espelhada pela estrutura da obra — é exemplificada, entre outras marcas, por uma narrativa em encaixe. A linearidade temporal e a continuidade espacial são abandonadas com a constante alternância entre quatro planos narrativos[7], sendo a transição entre estes marcada pela abertura de um novo parágrafo. A ruptura com a estabilidade temporal e espacial também ocorre por vezes mais bruscamente, dentro de um mesmo parágrafo ou plano narrativo, como se observa na seguinte passagem, em que se narra a viagem de Aguilar, Agustina e tia Sofi em busca dos diários dos avós da protagonista:

> [...] bastó con darle un buen empujón con el hombro a la doble puerta para que la cerradura cediera y escarbar un poco entre la ropa guardada para que aparecieran el diario del abuelo Portulinus, el de la abuela Blanca y un atado de cartas, *pero eso sería después*, cuenta Aguilar, por lo pronto apenas íbamos saliendo de Bogotá y en el primer retén me confirmaron [...] [que] a esa hora bajaba la guerrilla [...]. (317, ênfase adicionada)

A narrativa de Aguilar, como as demais narrativas do romance, constrói-se por meio de um ir e vir que revela o compromisso de seu discurso com os atos de desvendar e de informar ao leitor o máximo de detalhes, optando por relegar a um segundo plano o potencial do discurso de entreter ou refletir, e de modificar ou confundir emissor, receptor e mensagem. Como os episódios de delírio de Agustina, a narrativa de Aguilar submete-se ao já conhecido e já concluído (tanto que se propõe temporalmente onisciente), compartilhando com o fluxo de pensamento de Agustina o objetivo de comunicar uma determinada versão singular e, desta forma, parcial dos eventos.

Em seu delírio, Agustina alterna entre o vazio de seu silêncio e o excesso de uma fala indecifrável, entre a letargia e a movimentação excessiva. Em ambos os extremos, sua loucura é marcada pela inutilidade de palavras e gestos, uma vez que estes falham como instrumentos de diálogo com o outro. Desta forma, a experiência do delírio da Agustina pode ser descrita como prolongamento de sua vida anterior a este, na qual a protagonista já se dedicava a paixões efêmeras e a tarefas consideradas supérfluas pelos demais. Domingo é o dia preferido do casal. "Y por qué los domingos?," pergunta-se Aguilar, que responde, citando Agustina: "porque es el único día en que yo accedo a cerrar puertas y ventanas y desconecto el teléfono y dejo por fuera al resto del mundo" (65). Desconectar-se do mundo é o meio encontrado por Agustina para evitar sua submissão a um contexto que lhe é imposto. Conforme comenta Aguilar a respeito de sua esposa, "Qué inútil es pero cómo la quiero" (62).

Como discurso (quase) inútil porque incapaz de comunicar detalhes de sua dor aos demais, o delírio de Agustina funciona como um grito de socorro, extremamente limitado em sua objeção à violência paterna, à lei do silêncio que impera em sua família e à força do capital que prevalece na sociedade contemporânea. O delírio, neste romance, confunde-se com perda da linguagem, como bem o descreve uma cena em que Agustina se esforça em vão para comunicar-se com Aguilar:

> De qué me hablas, Agustina, le pregunta Aguilar y ella trata de explicarle trazando nuevos círculos, ahora minúsculos y apretados, furiosamente reteñidos con el lápiz sobre una hoja de cuaderno, Son partículas de mi propio cuerpo, insiste Agustina moviendo el lápiz con tal brusquedad que rasga el papel, irritada porque no logra explicar, porque su marido no logra entenderla. (22)

O silêncio da protagonista é ao mesmo tempo conseqüência de seu silêncio e tentativa infrutífera de contestação desse mesmo silenciamento.

A princípio, a narrativa de *Delirio* parece caminhar em direção à integração das várias histórias que a compõem de forma a retraçar-se o mosaico da vida da protagonista, ou seja, de sua trajetória em direção à loucura e de volta à sanidade. No entanto, quando examinadas de perto, as histórias que compõem o romance não se completam precisamente. Midas McAlister oferece uma metáfora para a estrutura do romance ao emitir um comentário sobre a impossibilidade de compreender o que ocorrera com Agustina: "Tu marido anda perdido como corcho en remolino tratando de averiguar qué diantres sucedió contigo y tú misma tampoco sabes gran cosa, porque mira, Agustina bonita, toda historia es como un gran pastel, cada quién da cuenta de la tajada que se come y el único que da cuenta de todo es el pastelero" (12).

Em *Delirio*, nem Aguilar nem o leitor obtêm respostas a todas as suas perguntas. No início do romance, Aguilar propõe-se a "ordenar la concatenación de los hechos con calma y a sangre fría [...], buscando explicaciones escuetas y palabras claras que le permitan diferenciar las cosas de los fantasmas y los hechos de los sueños" (23). E lembra a si mesmo: "Tengo que moderar el tono, serenarme y bajar el volumen, o estaremos perdidos ambos" (23). A conclusão do romance sugere que as "coisas" nem sempre podem ser separadas de seus "fantasmas", nem os "fatos" dos "sonhos", e que estar perdido talvez seja inevitável. Aguilar reconhece, por fim, que Agustina é também tudo aquilo contra o qual a protagonista se embate. "He amado mucho a Agustina; desde que la conozco la he protegido de su família, de su pasado, de su propia estructura mental ¿La he apartado de si misma?" (106), questiona-se Aguilar. Uma tênue linha separa a loucura da sanidade, conforme revela o discurso do esposo, seja contente ao perceber o súbito regresso de sua esposa à lucidez —

> la normalidad parece apiadarse de nosotros y nos hace breves visitas. [...] El martes pasado [...] muy para mi sorpresa no me recibió ni la indiferencia de sus rezos ni la iracundia de sus ataques, sino un tibio olor a comida que empañaba los vidrios de la cocina. Y en medio de

aquel olor, una Agustina de expresión juvenil y despreocupada preparaba una sopa sobre la estufa y me decía, como si nada, Es una sopita de verduras, Aguilar, a ver si te gusta. (109)

— seja confuso, frente ao imprevisto retorno de Agustina ao delírio — "Es que si la hubieras visto en el baño unos minutos antes haciéndose el blower como si nada, me explica, como si arreglarse el pelo fuera la cosa más natural, como si esta noche saliera a cenar o al cine, como si no estuviera enferma ni tramara martirizarse a sí misma tan pronto yo volteara la espalda..." (108). Como o leitor, que experimenta a desorientação de transitar entre os diversos planos narrativos de *Delírio*, Aguilar também precisa adaptar-se constantemente ao deslocamento de Agustina do território da razão ao do delírio e vice-versa, movimento que sublinha a natureza nebulosa, arbitrária e misteriosa da fronteira que separa a sanidade da loucura.

A narrativa de *Delírio* conduz o leitor a questionar a definição tradicional de economia do enredo de acordo com a qual não caberiam pontas soltas ou sobras em uma narrativa. A conclusão de sua leitura não gera a imagem de algo "esteticamente compacto, algo que poderia ter sido mostrado pelo novelista de uma maneira direta, mas que, se assim apresentado, jamais teria se apresentado de maneira bela"[8]. Uma proposta de síntese de *Delírio* não excluiria somente a beleza do desenvolvimento da narrativa, mas também parte essencial de seu significado, aquela que se origina justamente dos excessos da narrativa que não cabem na concisão e coerência de um resumo. Em sua obstinada busca por respostas, Aguilar confronta-se com um sem-número de silêncios e repetições, pistas falsas emitidas por Agustina em sua tentativa de confundir e assim refutar as versões dos eventos sobre ela forçadas. Da mesma forma que não se pode diferenciar com precisão a faceta insensata de Agustina ("insensata" no sentido de desprovida de sensações e sentimentos e, por isso, incapaz de reagir à presença do outro e de com ele se comunicar) daquela disponível ao diálogo, não é possível descrever com exatidão o enredo de seu delírio. Os excessos da estrutura do romance que resistem como tais sugerem que os sintomas — da protagonista, da narrativa — não são enigmas a serem decifrados, mas sim provocações capazes de gerar — nos personagens, no leitor — uma gama de interpretações, ou seja, são fraturas que resistem como vias de acesso a convidar a constantes renegociações de significados[9].

Em *Delírio*, Aguilar dá por finalizada sua investigação apesar de sua ignorância de um elemento considerado a princípio essencial: a versão do então foragido Midas McAlister, último a encontrar-se com Agustina antes de seu delírio. Com o retorno de Agustina à razão, Aguilar desiste de compreender as razões que desencadearam seu delírio ou as que a trouxeram de volta à sanidade. E se o leitor, por sua vez, sabe um pouco mais do que Aguilar, ele é também forçado a contentar-se com o determinado número de dados — sempre limitados, como em qualquer narrativa — que o romance lhe oferece. Após uma longa narrativa investigativa — ou seja, focalizada em um passado a ser desvendado como origem do presente —, o leitor por fim mergulha em duas páginas conclusivas que relatam o desenrolar atual da convivência entre Agustina e Aguilar. "Professor Aguilar, si pese a todo me quiere todavia, póngase mañana una corbata roja", escreve Agustina em um bilhete que deixa na carteira de seu esposo (341), renovando sua capacidade de negociar o código, de prosseguir tecendo sua história, mesmo que temporariamente, apesar das dificuldades de compreender e reescrever seu passado[10]. O leitor, por sua vez, na conclusão da narrativa, reencontra-se com o discurso como ferramenta de participação, já advertido, entretanto, sobre sua suscetibilidade a converter-se em instrumento de alienação.

Notas

[1] "Narrative does not show, does not imitate; the passion which may excite us in reading a novel is not that of a 'vision' (in actual fact, we do

not 'see' anything). Rather it is that of meaning, that of a higher order of relation which also has its emotions, its hopes, its dangers, its triumphs" ("Introduction to the Structural Analysis of Narratives" 124).

[2] "Let us define a plot. We have defined a story as a narrative of events arranged by their time-sequence. A plot is also a narrative of events, the emphasis falling on causality. 'The king died, and then the queen died' is a story. 'The king died, and then the queen died of grief' is a plot. The time-sequence is preserved, but the sense of causality overshadows it" ("The Plot" 87).

[3] Refiro-me especificamente à narrativa a respeito da loucura de Agustina, ou seja, à resistência a se estabelecerem confiáveis elos causais entre os eventos vividos pela protagonista de forma a explicar seu delírio. Vale a pena mencionar que o romance inclui outras histórias que sucedem em transformar-se em enredos, como, por exemplo, a história da ascensão e queda do traficante Midas McAlister, ou a do relacionamento entre Aguilar e Agustina.

[4] Conforme comenta Boris Tomashevsky, "[n]ot a single property may remain unused in the telling, and no episode may be without influence on the situation. Chekhov referred to just such compositional motivation when he stated that if one speaks about a nail beaten into a wall at the beginning of a narrative, then at the end the hero must hang himself on that nail" ("Thematics" 79).

[5] Todas as citações de aqui em diante provêm do romance *Delírio*, a não ser em caso de indicação contrária.

[6] A violentação do código a que me refiro não se restringe à vida em família de Agustina, mas estende-se também à vida pública e inclui membros de várias classes sociais. No romance, por exemplo, integrantes da classe alta associados ao narcotráfico colhem os lucros provenientes de seu investimento no tráfico de drogas, enquanto hipocritamente condenam e fingem surpresa diante das conseqüências negativas do tráfico, como o aumento da violência. Para comentários de Restrepo a respeito dos ecos da violenta realidade latino-americana em sua obra, consultar Restrepo 1990 e Padrón 77-87. Para a visão da romancista sobre as intersecções entre literatura, jornalismo investigativo e discurso histórico, ver Melis.

[7] Em *Delírio*, alternam-se quatro planos narrativos: no primeiro, Aguilar investiga as circunstâncias que culminaram com o abandono de Agustina em um quarto de hotel; no segundo, desenvolve-se o monólogo de Midas McAlister, amigo de infância e ex-namorado da protagonista, a respeito de suas relações com a família Londoño e do envolvimento da mesma com o tráfico de drogas; no terceiro, narra-se a infância de Agustina em um ambiente de medo e de silêncio; no quarto, conta-se a história de seus avós maternos.

⁸ "something aesthetically compact, something which might have been shown by the novelist straight away, only if he had shown it straight away it would never have become beautiful" (Forster 89, minha tradução ao português).

⁹ Conforme explica Slavoj Žižek, em *The Sublime Object of Ideology*, ao comentar as transformações do conceito de sintoma em diferentes estágios de desenvolvimento da teoria lacaniana, "The symptom arises where the world failed, where the circuit of symbolic communication was broken: it is a kind of 'prolongation of communication by other means' [...]" (73).

¹⁰ Ao descrever a relação entre indivíduo, (in)sanidade e história pessoal (familiar, sexual) no ensaio "Sane Now", o psicanalista britânico Adam Phillips sugere: "[T]he sane person is on the lookout for stories that are not family stories; for the ways modern people have found of inhabiting their histories in different ways. It would be sane now to wonder, for example, whether there are any alternatives to nostalgia, or the malign nostalgia that is blame, in our uses of the past. Whether there are stories we can tell about ourselves that are not stories about the past" (193).

Referências Bibliográficas

Barthes, Roland. "Introduction to the Structural Analysis of Narratives." *Image Music Text*. New York: Hill and Wang, 1977. 79-124.
Forster, E. M. "The Plot." *Aspects of the Novel*. London: Penguin, 2005. 85-100.
Melis, Daniela. "Una entrevista con Laura Restrepo". *Chasqui* 34:1 (2005): 114-29.
Padrón, Leonardo. "Laura Restrepo". *Los imposibles: conversaciones al borde de un micrófono*. Caracas: Aguilar, 2006. 73-100.
Phillips, Adam. "The Suspicion of the Thing: Notes Toward the Definition of Sanity," "Sane Now". *Going Sane: Maps of Happiness*. New York: Fourth Estate, 2005. 1-62, 173-99.
Restrepo, Laura. *Delirio*. Bogotá: Alfaguara, 2005.
---. "La cultura de la muerte". *Semana* 408 (Março 1990): 22-53.
Tomashevsky, Boris. "Thematics." Trad. Lee T. Lemon e Marion J. Reis. *Russian Formalist Criticism: Four Essays*. Lincoln: U of Nebraska P, 1965. 61-95.
Velasco, Carmiña Navia. "La creación de un universo literario". *La narrativa femenina en Colombia*. Cali: Universidad del Valle, 2006. 141-66.
Žižek, Slavoj. *The Sublime Object of Ideology*. London: Verso, 1989.

www.ingramcontent.com/pod-product-compliance
Lightning Source LLC
Chambersburg PA
CBHW032252150426
43195CB00008BA/423